誰かを思いっきり好きになってみたい

「私」が大切にしている感情を知って、運命の恋を始める

恋愛心理学

森川陽介

KADOKAWA

はじめに

彼も私も幸せにする恋愛を手に入れる

あなたは、どんな恋愛がしたいですか?

今は恋愛に疲れていて、あまり恋をする気になれない人
彼はいるけれど、あまりワクワクを感じられない人
彼に遠慮して、本当の気持ちを伝えられない人

恋をすれば傷つくことや、涙が溢《あふ》れてくることもあるかもしれません。

それでも人は恋をします。

「誰かを思いっきり好きになってみたい」

カウンセリングをしていると、そんな切実な心の声を聞かせていただくことがあります。

はじめまして、森川陽介と申します。

私は心理カウンセラーとして活動を始めて、約10年の間に5000件以上の恋愛の相談を受けてきました。

その過程でわかったのが、30歳を超えたあたりから、恋愛に対して〝言葉にできないモヤモヤした感情〟を抱き始める女性が多いということです。

10代、20代の純粋に恋をしていた時期を経て、30代に差しかかる頃、私たちはいつの間にか自分を取り巻く環境の変化を感じ始めます。

次々と結婚していく友人、出産の報告、仕事ではすっかり中堅のポジションにシフトしていき、自分の将来や、出産のリミットも意識するようになっていく。

まだまだ純粋にドキドキするような恋をしたいけれど、そろそろ将来のことも見据えなくちゃいけない。

そんな自問自答を繰り返すのが、30歳からの恋愛なのかもしれません。

ですが、キャリアを積み、さまざまな体験をしてきたからこそ、人としての魅力が増して、恋愛を真に楽しめるようになるのが30歳からの恋愛でもあります。

- 彼からのメッセージの返信が減っている
- 彼に本音を言えずに我慢してしまう
- 彼に怒りをぶつけてしまう
- 恋愛に自信が持てない
- 男性にうんざりした気持ちになってしまう
- 過去に好きだった人が忘れられない
- 彼が愛情表現してくれないので不安になる
- 離婚の傷がまだ残っている
- 気になる人はいるが、アプローチする方法がわからない
- 彼が結婚に乗り気じゃない

これらは本書に登場する女性たちのお悩みです。

このような悩みを抱えていると、夜も不安で眠れなくなることもあるかもしれません。

友だちに相談をしても、「そんな男やめときなよ」とか、「小さいこと気にしすぎだよ」と言われてしまったりすると、一人でモヤモヤを抱え続けなくてはいけなくなります。

言葉にできない苦しい気持ちが少しずつ大きくなって、自分を責めたり、彼を責めたり、「もうどうすればいいのかわからない……」。

私のカウンセリングに来るのは、そのような状況にいる女性のみなさんです。

私たちは、学校の授業で恋愛の仕方を教わることはありません。恋愛で苦しむのは、そのやり方や心の仕組みを知らないからなのかもしれません。

心理カウンセラーとして多くのご相談を受ける中で、私は人が恋愛で引っかかりやすいポイントがいくつかあることがわかってきました。そのポイントを正しく理解し、ほんの少しの恋愛心理学の知識を持ち、ちょっとした恋のコツを知っているだけで救われる恋愛がこの世にはたくさんあります。

それらをこの本でお伝えしていきたいと思います。

本書は恋愛テクニックのようなお話ばかりではないので、回り道のように感じることもあるかもしれませんが、恋愛の本質を理解し、自分で問題を解決する力を身につけることが、幸せになるための近道であると私は考えています。

大切なポイントは、「彼も私も大切にする」という感覚を掴《つか》んでいくことです。

30歳からの恋愛は、決して苦しいだけではありません。過去の恋愛の痛みや、生きていくことの大変さを知った今だからこそ、パートナーと本当に深いつながりをつくり、幸せになることができます。

この本が幸せな恋愛のお役に立つことができれば幸いです。どうか、みなさんが大好きな人とずっと愛し合えますように！

森川陽介

本書の構成について

この本は4つのパートで構成されています。

第1章

恋する心を整える

自分で心をケアして、恋する心を整える方法をお伝えします。

自分の心に寄り添ったり、自分でも気づいていないような感情を知ったり、視点を切り替えることができるようになると、心は安定し、恋がうまくいき始めます。

第2章

恋愛の仕組みを知っていますか？

恋愛の原理原則についてお伝えします。

ベーシックな恋愛の知識を理解しているだけで、恋を成就させるために自分がするべきことがわかってきます。

第3章

男性心理に触れてみる

男性心理についてお伝えします。
男性特有の考え方が理解できるようになると、
恋のすれ違いが格段に減っていき、
男性と円滑なコミュニケーションがとれるようになっていきます。

第4章

大切な人と永遠に愛し合う方法

パートナーと永遠に愛し合う方法をお伝えします。
心理学的に効果があるとされている具体的な方法や、
カップルカウンセリングでの実例を通して、
「どのような考え方で、何をすればいいのか？」をお届けします。
また、本文とあわせて「カウンセリングの現場から」と

「心のエクササイズ」の2つの項目が登場します。
それぞれ次のような内容を解説しています。

●カウンセリングの現場から

実際のカウンセリングの事例をご紹介します（お名前は仮名です）。
本書で解説している恋愛心理学を、
「実践の場でどのように使えばいいのか？」ということの参考になると思います。

●心のエクササイズ

私が実際のカウンセリングでも使用している簡単なエクササイズをご紹介します。
心理学は知識として知っているだけではなく、
実践することで大きな効果を発揮します。
お時間のある時で構いませんので、ぜひ行ってみてください。
空欄は解答を書き込んだり、メモに使ってください。

目次

第1章

恋する心を整える

第2章

恋愛の仕組みを知っていますか？

第4章

大切な人と永遠に愛し合う方法

カバーデザイン…… 小口翔平、村上佑佳(tobufune)
本文デザイン…… 岡崎理恵
カバーイラスト…… かわいちひろ
本文イラスト…… こやまもえ
DTP…… センターメディア
校正…… 麦秋アートセンター
編集協力…… 宮内あすか
企画・編集…… 仁岸志保

第1章

恋する心を整える

✦恋する心が生まれるところ

恋する心はどこから生まれてくるのでしょうか。

好きな人を目の前にした時のドキドキも。
彼がほかの女性と話していると感じるモヤモヤも。
大好きな彼とお別れした時の心のズキズキも。

それら恋愛に関わるさまざまなことは、すべて私たちの感情と深く深くつながっています。恋をするということは、そんな感情の世界へ飛び込むことなのかもしれません。

感情とは、常に私たちの内にあって、自分の一部であるにもかかわらず、その声にきちんと耳を傾けてもらえずに、心の奥のほうへ押しやられていることが多くあります。

時には、長い間押し込めていたせいで、いったい自分の感情が何を伝えたがっているのかもわからなくなってしまうことさえあります。

私は心理カウンセラーとして10年以上、日々恋愛についての悩みを聞いていますが、その多くは、やはり「感情」に深くリンクします。たとえば、

「彼からの返信がないのに何度もメッセージを送ってしまった」という後悔。

「腹が立つと、いつも彼にひどいことを言ってしまう」という自己嫌悪。

「私の行動はあれでよかったのだろうか？」という不安。

恋にまつわるそれらの感情は、時に自分でもコントロールすることができません。

「男性はほめてあげるとよい」というような恋愛テクニックだけでは恋がうまく進まないのは、「ほめたくない時がある」という感情が邪魔をするからなのです。

だからこそ、運命の恋をしたいと願うなら、私たちは恋する心が生まれる「感情の世界」についてもっと知る必要があるのです。

本書では、恋愛にまつわる感情の奥深さに触れながら、さまざまなお悩みの解決法をご提案していきたいと思います。

※恋愛にはさまざまな形がありますが、私がお伺いする悩みのほとんどである男女の恋愛について語っていきます。

なぜ30歳からの恋はむずかしくなってしまうのか？

多くの人は10代の後半から20代で仕事を始めて、社会に出る経験をします。社会に出ると、私たちは「大人になる」ことが求められます。

たとえば、上司から理不尽なことを言われても我慢して受け入れなければいけなかったり、取引先のお客様から無理難題を突きつけられても言葉をグッと飲み込んで笑顔で対応しなければいけない場面もあるでしょう。

心にストレスがかかるたびに感情的になっていては仕事が前に進まないので、自分の心を切り離し、私たちは大人になろうとします。

社会に出て、10年近くキャリアを積み、30歳を過ぎる頃には自分の感情を我慢することが当たり前の日常になり、自分が感情を押し込めている自覚すら薄れてしまっているケースも多く見られます。

一方で、恋愛は仕事とは逆で、とても感情的な行為です。ドキドキすることから恋は始まり、喜びや愛情、寂しさや不安さえも上手に彼と共有し、乗り越えていくことで2人の関係は深まっていきます。

30歳からの恋愛がむずかしくなってしまう心理的な要因の一つとして、このように仕事の場では感情を抑制することを求められる一方で、恋愛では感情を上手に感じて彼とコミュニケーションを取り合うことが必要となるからなのです。

恋をすると人は「感情的になる」と言われます。けれど、恋愛の悩みの多くは、「感情を感じにくくなっている」ことに原因があります。

もしも、あなたが次のような恋のお悩みを抱えているのだとしたら、それはもしかしたら感情を感じにくくなってしまっていることが原因かもしれません。

- あまり恋をする気になれない
- 気になる人がいても一歩を踏み出せない
- おつき合いしていてもあまりワクワクしない
- 彼にイライラしてしまう
- 彼に怒りすぎてしまう

これらのお悩みの原因が「感情を感じにくくなっているからである」と言われてもあまりピンとこないかもしれませんが、たとえば「怒り」は心理学では第二次感情と呼ばれ、その下にはじつは別の感情が潜んでいるとされています。

その感情を感じられていないがために、「怒り」として表現されると考えられているのです。

同様に、恋に踏み出せない時や、彼との間にワクワクを感じられない時にも、問題の本質を探っていくと、そこには自分でも気づいていない感情が鍵となっていることが多くあります。

だからこそ、30歳からの恋愛では、社会に出て培《つちか》ってきた感情を抑制する方法とは真逆の、自分が感じている本当の感情を知り、それを上手にコミュニケーションできるようになることが大切になってきます。

恋がうまくいかない時、自分に厳しくなっているのかもしれない

もし今、恋がうまくいかないと感じているのならば、その原因は自分に厳しくなりすぎているせいかもしれません。

心理学では「セルフ・コンパッション」という言葉があります。

簡単に言うと、「自分を思いやる」「自分を大切にする」という意味の言葉です。

セルフ・コンパッションの意識が高まり、自分にやさしくする、自分の感情に寄り添うといった感覚が掴めてくると、それまであった自分を責める気持ちが緩んで、不安が軽減されたり、幸福を感じやすくなったりします。

それらは、日々の生活のみならず、恋愛を進めていく上でもとても重要なことです。

ですから、もしあなたが「恋愛がうまくいっていない」と感じる時には、「私は自分に厳しくなりすぎていないだろうか？」「自分をやさしく思いやれているだろうか？」と問いかけてみることをおすすめします。

カウンセリングで、こんなお話を伺うことがあります。

「彼氏に腹が立つことがあって、大ゲンカになってしまいました。別れたくはないのですが、どうすればいいですか？」

そんな時は、まずはじめにケンカになった経緯を聞きながら、彼に対して押し込めてきた気持ちを話してもらうことからカウンセリングは始まります。

ゆっくり時間をかけて聞いていくと、今まで誰にも言えなかった彼への不満をぽつり、ぽつりと、話してくださいます。

心の中にある、誰にも言えなかった彼への不満の正体をていねいに探していくと、

「私は本当に彼に愛されているのかな……」

という不安に行き着くことがあります。はじめはとても小さくて、自分でも気がつかないくらいの不安だったのかもしれません。けれど、少しずつ胸の奥に広がった不安が、いつの間にか大きな波になって、自分自身が飲み込まれてしまっていることがあるのです。

そして、次第に大きくなっていく不安の波は、やがて抑えきれずに溢れ出て、怒りとなって彼に押し寄せます。

彼への怒りの正体は、そのような抱えきれなくなった不安なのかもしれません。だからこそ、自分が不安の波に飲み込まれていると気づいた時に大切なことは、いち早く自分をその波から引き上げ、助けてあげることなのです。

彼に怒りをぶつけてしまい、「この先どうすればいいのか?」を考える前に、まずは時間を戻して、あの時不安な気持ちが溢れて怒ってしまった自分の心にやさしく寄り添ってあげることが大切です。


彼から愛されていないのかなって感じて不安だったよね。

彼に本当の気持ちが伝えられなくて苦しかったよね。

それでも彼を責めないように我慢したよね。


そんなふうに自分にやさしく寄り添ってあげるだけで、心がふっと軽くなることがあります。


不安の波に飲み込まれていた自分を助け出し、安心できる場所で温かいココアを飲ませて、気持ちのよい毛布で包んであげる。

自分の心に寄り添い、やさしくするとはそのようなことなのです。

すると、人は自然と心の余裕が生まれてきます。

心に余裕が生まれると、怒りではなくて柔らかい感情で彼に本音を伝えることができたり、彼の事情も理解できたりします。

この先どうすればいいのかと途方に暮れるような問題も、その時は気づかなかったような解決法が見つかることもあります。

それほど、自分の感情に寄り添い、ケアすることは大切なことなのです。

次の「カウンセリングの現場から」では、実際に感情をケアすることが抱えていたお悩みの解消につながった、ある女性のエピソードをご紹介いたします。

カウンセリングの現場から

既読スルーされて傷ついた女性の本心とは？

40代前半の理沙さん（仮名）には交際して5か月になる、30代後半のちょっぴり不器用な理系の彼がいました。はじめはとても仲のよい2人でしたが、つき合って3か月ほど経った頃から彼の仕事が忙しくなり、メッセージが既読スルーされてしまうことがありました。その頃から、少しずつ彼との関係がギクシャクし始めてしまって、つき合って5か月の頃には、会うのは月に1回ほどになっていました。

理沙さんは彼との関係を以前のような仲のよい関係にしたいと思い、カウンセリングにいらっしゃいました。詳しく話を聞きながら、「彼からのメッセージを確認するのはどんな時ですか？」と質問すると、「夜、寝る前に彼にメッセージを送るんです。でも、すぐに返信がなくて。そのうちに眠ってしまい、朝、目が覚めて確認するとやはり返信がないんです」。

「彼からの返信がない時、どんな気持ちでしたか？」

「すごく不安な気持ちでした。彼に嫌われちゃったのかなと思って」

「どうして嫌われた気がするのですか？」

「いつも私からメッセージを送って、重い女と思われているんじゃないか。きっと彼はそういう女性は嫌いだろうなって思うんです。

でも同時に、返信をくれない彼に腹を立てている自分もいて、悲しかったり、怒ったり、ぐちゃぐちゃな気持ちになります。でも、彼にそんな不満を言ったら、もっと嫌われちゃうと思うから、自分の気持ちを飲み込んでいました」

私は理沙さんの苦しい胸の内を聞いて、彼女がこの2か月間、本当にがんばってきたのだなと感じました。彼女は不安や悲しみを感じながらも、自分を責め、彼に不満をぶつけたい自分の気持ちを必死の思いで抑え込んでいました。

理沙さんのケースは返信が来ないことが悩みでしたが、これに限らず、「彼からの愛情を感じられない」「自分がどうでもよい存在に感じられる」、そんなことが何度も繰り返されると誰もが心の奥で不安や悲しみなどの痛みを感じるようになります。

痛みを抱えながら彼のことが大好きという気持ちを感じることは、とてもむずかしかったりします。そんなもどかしさから、彼に対する怒りの感情が湧いてきて、さらに苦しくなってしまっていたのです。

そこで私は、彼との関係性を改善させる前に、まず理沙さんの今の苦しい気持ちをケアすることを提案しました。

はじめに、ソファーに座っている理沙さんのひざの上にクッションをのせ、目を瞑《つむ》ってもらいました。そして、彼女にこんなお願いをしました。

「朝、目が覚めて、携帯を見て、彼からの返信がないことに気づいて、すごくがっかりした気持ちを感じていた。今、ひざの上にのせているクッションをあの時の自分だと思って、やさしく、やさしく抱きしめてもらってもいいですか？」

理沙さんはクッションをやさしく、やさしく抱きしめました。

「どんな感覚がしますか？」

「ちょっとだけ安心する感じがします」と理沙さんは言いました。

「今、あなたが抱きしめている〝女性〟は、彼に対して言いたいことをたくさん飲み込んでがんばってきたとわかりますか？」と聞くと、理沙さんは小さく頷きました。

「その女性は、もしかしたら彼に対してだけではなくて、今までの人生でずっといろいろな場面でこうやって言葉を飲み込んで、がんばり続けてきたのかもしれません。それは、彼女の人を思いやるやさしさで、私は本当にすばらしいと思うのです。

だから今日は、彼女の今までの人生のがんばりを認めてあげる日にしませんか？」と私が言うと理沙さんは「はい」と答えました。

「クッションをやさしく撫でながら、心の中でこう伝えてあげてください。『よくがんばったね』」

理沙さんはそっとクッションを撫でながら、心の中であの時の自分に向かって「よくがんばったね」と伝え、静かに涙を流していました。

「少し心が温かくなった感じがします」と理沙さんは言いました。

「今の温かい感覚を持ちながら、彼のことを思うと、どんな気分になりますか？」

「え……そうですね。やっぱり、彼のことが好きだなと思います。それって、変ですか？」

「全然変じゃないですよ」

「よかった！（笑）」と話す理沙さんの雰囲気は、それまでよりずっと軽やかで自信に満ちているように見えました。

自分にやさしく寄り添うことは、心を回復させるということでもあります。

「やっぱり、彼のことが好き」と、彼のことを好きな自分にもマルをつけてあげることができるようになったりします。

理沙さんは、そんな「彼のことが好き」というシンプルな気持ちだけを持って、次のデートに臨むことができ、2人でとても楽しい1日を過ごしました。そして、彼女は最後に勇気を出して、やさしい雰囲気と口調で彼に伝えました。

「私、あなたに嫌われるのが怖くてずっと言えなかったことがあるの。本当は、メッセージを返してほしい。忙しかったらスタンプ一つでいいから」

彼は、「そうだったんだ。ごめんね。僕はずっと男友だちしかいなくて、いつもあんな感じでやり取りしていたから。最近、君がずっと元気がなくて、君に嫌われたのかなと思っていた。教えてくれてありがとう」と言いました。

そこで、ようやく2人はお互いに不安を抱えてすれ違っていたことに気づくことができたのでした。

心のエクササイズ①

自分の心に寄り添う

質問

あなたが人生で自分を承認してあげたいと思うエピソードを3つ書き出してみてください。成功したことでも、失敗したことでも、大きなことでも、小さなことでも、自分ががんばったと感じることで構いません。
書き出した出来事に対して、あなたはどんな言葉で当時の自分の心に寄り添ってあげたいと思いますか？

例 ● 承認してあげたい過去の自分
彼と別れた時に本当に悲しくてつらかったけど、休まずに会社に行き続けた自分。

✦ 寄り添う言葉
「あの時、本当につらかったけど、会社を休まずに行って本当によくがんばったね」

例 ● 承認してあげたい過去の自分
彼との関係がうまくいかなくなって悩んでいた頃の自分。

✦ 寄り添う言葉
「彼からの連絡が減って不安になったよね。それでも彼のことを責めないようによくがんばっていたね」

次に、書き出したエピソードをもとにイメージワークを行っていきましょう。

イメージワークは、ソファーなどに座ってゆったりした気持ちで行ってみてください。クッションや枕などをひざにのせて抱きしめながら行っていただくのもおすすめです。

もし、過去の出来事を思い出して、心がつらくなってしまうと感じる場合には、無理にワークを行わず、ゆっくりと心を休めてください。

ステップ1

軽く目を瞑り、リラックスして、ゆったりと深い呼吸をしてください。

ステップ2

ステップ1で書き出したエピソードの時の自分が、目の前に立っているところを想像してみてください。


過去の自分はどんな表情をしていますか?

過去の自分を見て、現在のあなたはどんな気持ちを感じますか?


過去の自分の両手をとって、つないでみてください。


もしかしたら目の前にいる彼女は、どんなにつらいことがあっても誰にも頼らずに一人で歯を食いしばってがんばってきたのかもしれません。

今日はそんな自分を認めてあげる日にしようと思ってみてください。


手をつないだまま、彼女の目を見つめて、ただ一言伝えてあげましょう。

「よくがんばったね」

そして、彼女をやさしく抱きしめてあげてください。


彼女を抱きしめたまま、2人の間に安心感という温かい感情がゆっくりと広がっていくのを感じてみてください。

可能であれば、1分ほど、時間をかけて抱きしめてあげてください。

ステップ3

温かい感情を感じたまま、ゆっくりと意識を少しずつ今いる場所に戻してきてください。

解説

このように自分にやさしく寄り添うことは、過去の自分に対してだけではなく、今の自分に対しても有効です。今日がんばった自分にやさしく寄り添うことを日々の習慣としてみてください。その際は、イメージワークを簡略化して、自分の胸やお腹などにやさしく触れたり、撫でたりして、「今日も一日よくがんばったね」と自分に言ってあげるだけでも十分です。

「好きな人ができない」「なぜか本気になれない…」悩み

「好きな人ができない」「なぜか本気になれない……」というお悩みを抱える方もいらっしゃいます。

男性に出会っても、あまり心がときめかないという時は、単純に素敵な人に出会っていないだけとも考えられますが、感情のストレッチをすると、恋する心が動き出すこともあります。

すでにお伝えしている通り、恋愛は私たちの感情と深くつながっています。それは、自分の感情を感じることに慣れていないと、恋のハートが動きにくいということでもあります。

だからこそ、感情をゆっくり感じる時間をとって、自分の感情に触れていくことが大切です。

自分の感情に触れるもっとも簡単な方法として私がおすすめするのは、その日に感じた感情を書き出してみることです。

恋愛に限らず、今日こんなことがあってうれしかった、悲しかった、楽しかった、というようにその日に自分が感じた感情を振り返って改めて書き出してみてください。

そして、次のステップとしてその感情を信頼できる友人や家族などに口に出して伝える練習をしてみましょう。

「今日こんなことがあってうれしかったんだ」「昨日こんなことがあって悲しかった」といった具合です。

もし知り合いに話すことに抵抗がある場合には、カウンセリングなどを利用することもおすすめです。

日常生活で自分の感情を意識的に感じ取る練習を続けていくと、恋の始まりの小さなドキドキやワクワクを感じ取る心の感度が少しずつ高まっていきます。

また、違う角度からこのお悩みを考えてみると、「女性としての私」を肯定するということもポイントになります。

恋愛とは、大好きな男性の前で「女性である自分」を感じることでもあります。ドキドキする私、おしゃれをする私、彼のことで頭がいっぱいになってしまう私、わがままな私、そんな「恋する私」をたくさん感じるのが恋愛なのです。

この時、もし自分の中で、恋する自分を感じることに慣れていなかったり、恥ずかしさを感じたりすると、恋をすること自体に抵抗を感じる場合があります。

そんな時に私がおすすめするのは、自分のロールモデルになるような女性を見つけることです。

たとえば、有名人などで、あなたが「この人、女性としての人生を楽しんでいるな」「女性としての美しさ、かわいらしさを持っているな」「素敵なパートナーシップを育んでいるな」と感じる女性を参考にしてみましょう。

できるところからでよいので、その方の考え方や習慣などを取り入れてみたり、身につけている洋服やアクセサリー、ヘアスタイルを少し真似てみてもいいです。

自分が憧れる女性と同じように自分も女性を楽しみ、その感覚に慣れていくことで、恋をする自分に対する恥ずかしさや抵抗感が軽減され、恋がしやすい心理状態がつくられていくのです。

✦恋愛をすると不安になってしまう意外な理由

恋愛は感情を感じられるようになることが大切というお話をしてきましたが、時には感情を感じすぎてしまっていることが問題となるケースもあります。

「恋愛をすると私はいつも不安になり、彼に依存的になってしまいます。どうしたらいいですか?」

そのようなお悩みを抱える女性は、不安という感情をしっかりと感じられているように見えます。

しかし、ここで大切なポイントは、ネガティブな感情を強く感じすぎてしまう時には、その感情は彼との間にある問題以外のところから湧き出ている可能性があるということです。

私たち人間は他者との間に、心理的距離が存在していると言われています。他人、知人、友人、家族というように、一般的には関係性が近くなればなるほど相手との心理的距離は縮まっていきます。

彼との関係性が親密になり、心理的距離が近くなってくると、私たちの心の中では、過去に同じくらい近い心理的距離にいた存在との間で感じていた感情が呼び起こされることがあります。

それはとくに過去の家族関係に起因することが多く、過去の経験が、今感じている不安を強化して、過剰に感じさせてしまうことがあるのです。

もちろん、過去につらい経験をしたからといって、必ずしも恋愛がうまくいかないというわけではありません。けれど、今、目の前に起きている事柄に対して、自分が過剰に不安などのネガティブな感情を感じているのではないかと思う時には、その感情から少し距離を置く練習をしてみることをおすすめします。

そうすることで、過去の経験に誘発されて大きくなりすぎてしまった今の感情を

彼と心の距離が近づくと、過去に同じ心の距離感にいた人、たとえば家族との間に感じていた感情が呼び起こされることがある。その感情はポジティブなものも、ネガティブなものも含まれる。

少しずつ正しい分量で感じることができるようになっていきます。

ネガティブな感情の内容は人によってさまざまです。この本の中でもいくつか過去の痛みが現在に影響を与えているケースをご紹介していきますが、すべての方に対応する答えをご提案するのはむずかしいかと思います。

もし、ご自分が抱えている痛みを一人で抱えることがつらいと感じる時には、決して無理をせず、一度カウンセラーなどの心の専門家に相談し、ご自身に合った解決法を専門家と一緒に探してみてください。

心のエクササイズ②

ネガティブな感情から距離を置く

ステップ1

名刺ほどの小さなカードを用意して、自分が感じやすいネガティブな感情（不安、自責、寂しさ、怒りなど）を感じた時に、それを和らげてくれそうなことを10個書き出してみてください。

例 不安を感じた時にやる10個の行動
- ゆっくりと深呼吸をする
- 温かいお茶を飲む
- 猫の動画を観る
- ストレッチをする
- 散歩する
- 甘いものを食べる
- 太陽の光や、外の風を感じる
- 本を読む
- 心地よい音楽を聴く
- お風呂にゆっくり浸かる

ステップ2

完成したリストは財布などに入れて常に身近に置き、ネガティブな感情を感じた時にはリストを見て、その感情から意識が逸れるまで順番に実践していきます。

解説

はじめはネガティブな感情から意識を逸らすことがむずかしいと感じるかもしれませんが、練習を続けていくことで少しずつ距離をとることが上手になっていきます。また、リストを定期的に見直してアップデートすることもおすすめします。

◆「そうせざるを得なかった…」という新たな視点

自分の心に寄り添いたいと頭ではわかっていても、どうしてもできない時もあるかもしれません。そんな時には、「そうせざるを得なかった」という視点に立ってみることが自分にやさしくする糸口になります。

彼の浮気を疑いすぎて、彼にうんざりされてフラれてしまった時、

「あの時、彼をあんなに問い詰めなければ……」
「彼の言うことをもっと信じることができたならば……」

そんな後悔で、自分自身を責め続けていることが多々あります。
心理学的に、私たちが自分の失敗を責めている時、「自分は失敗した」という視点に強く囚われてしまっている状態であると考えられています。

たしかに別の選択肢を選んでいれば、結果は違っていたのかもしれません。

しかし、「自分は失敗した」という視点に強く縛られすぎて、自分を責め続けることに時間を割くことは、自分を苦しめ叩きのめすだけで、よい結果をもたらしてくれることはありません。

それよりも、なぜあの時の自分はそんな行動をとってしまったのかを考えることのほうが有意義な場合があります。


彼の浮気を疑いすぎてしまったのは、「前の彼に浮気をされてしまった心の傷」が原因だったのかもしれません。

「父親の浮気が原因で両親が離婚してしまったという苦い過去の経験」があったからかもしれません。

「彼が浮気をしているかもしれないと感じた時に、あれほどまでに不安を感じて、彼の言葉も耳に入らないほど疑いの気持ちが拭《ぬぐ》い去れなかったのは仕方のないことだったのかもしれない」

そんなふうに、あの時の私は「そうせざるを得なかったのかもしれない」と考えてみましょう。

「自分は失敗した」という視点から、一歩下がって「そうせざるを得なかったのかもしれない」と別の視点で自分自身を省みるのです。

そうすることで、闇雲に自分を責めるのではなく、あの時の自分を許し、冷静に問題を改善するための一歩となります。

カウンセリングルームには、彼の浮気を疑いすぎてしまった女性が、後悔と自己嫌悪でいっぱいになってやってきます。

「そうせざるを得なかった」という視点について話をすると、まるで今まで背負ってきた重い十字架を下ろしたような表情で、涙を流すことさえあります。

それほどまでに、自分を責め続けるということは苦しいことなのです。

一方で、自分を許すことは、自分に甘く、自分の悪い部分を放置してしまうことのように感じるかもしれません。しかし、本当の意味で自分を許すということは、「自分を罰することにエネルギーを注ぐのではなく、問題を改善して、前向きに成長するために心を整える」ということでもあります。

自分を許すということは、場合によってはとてもむずかしく感じることもあるかもしれません。でも、自分を許すことができない自分を責める必要はありません。許してみようかなと思えた時に、少しずつチャレンジしてみてください。

心のエクササイズ③

自分を責めてしまう気持ちを緩める

質問

自分を責めてしまうエピソードを一つ書き出してみてください。過去の自分を、そうせざるを得なかったのかもしれないという視点で見ると、どんな言葉をかけて寄り添ってあげたいと思いますか?

例 ● 責めてしまう自分
おつき合いしている彼の浮気を疑いすぎてしまい、フラれてしまった。あの時、彼の言葉を信じることができなかった自分を責めている。

✦寄り添ってあげる言葉
前につき合っていた彼に浮気されてすごく傷ついたから、また浮気されちゃうんじゃないかってすごく不安だったんだよね。

例 ● 責めてしまう自分
過去に仕事で大きな失敗をしてしまったことを責めている。

✦寄り添ってあげる言葉
あの時は人手が足りなくて、本当に忙しくて、時間にも心にも余裕がなかったよね。

解説

自分を許すことがむずかしいと感じる時もあると思います。そんな時は、親友や大切な人が自分自身を責めているとしたら、どのように言葉をかけてあげられるだろうと考えてみることも有効です。まずは、許してあげることができそうな自分からチャレンジして、少しずつ段階を上げてみてください。

男性のダメなところばかり目についてしまうのはなぜ？

「素敵な恋をしたいとは思っているのですが、出会う男の人のダメなところばかりが目について、心の中でどこかバカにしてしまう自分がいます。どうすればいいですか？」

素敵な彼がほしいとは思っているけれど、出会う男性たちには魅力を感じられず、心の中で厳しい評価を下してしまう。

そのようなネガティブな感情を強く感じている状態では、恋する気持ちを感じることはむずかしくなり、ようやく素敵な人に出会えたと思っても、ふとした瞬間に恋心が一気に冷めてしまうという経験を繰り返すこともあるかもしれません。

自分とは合わないと感じる男性に、無理に恋心を感じる必要はもちろんありません。

しかし、もし自分の中に湧き上がってくる男性に対するネガティブな感情が、恋を始める障害となっているのかもしれないと感じる場合には、そんな感情の下に別の感情が眠っている可能性を考えてみましょう。

一般的に、女性が男性に対して厳しい視線を向けてしまうという場合、その厳しさは自分に対しても同じように向けられていることが多くあります。

自分に対しても辛辣《しんらつ》な言葉を投げつけていると気づいた場合は、すでにお伝えしたように、自分にやさしく寄り添うことができるようになると、自然と男性に対する厳しい視線も緩めていくことができる可能性があります。

また、自分の心に寄り添い原因を探っていくと、まったく別の思いもよらない原因にたどりつくことがあります。

たとえば、夫に対して日常的に文句を言ったり、否定的な発言をしたりする母親の様子を見て育った場合、いつの間にか母親の考え方や態度、言葉遣いなどをコピーしてしまうことがあります。

コピーしてしまう理由は、単純に多くの時間、その環境に身を置いているからそれが自然なこととして学習してしまったと言うこともできますが、心理学的にはもう少し別の見方をすることもできます。

その一つは、「母親の味方になってあげたかったから」という理由です。

幼少期の子どもは、母親が父親に対して文句を言う、否定する言動を繰り返すと、「どうしてお母さんはお父さんを悪く言うんだろう?」と疑問を感じることがあります。

もしかすると、一生懸命に両親の仲を取り持とうとすることもあるかもしれません。

必死の思いの中で、子どもが母親と同じような言動をとるようなことがあります。

それは、無意識的な行動で、母親に共感して寄り添ってあげたいという気持ちかもしれませんし、母親と同じ言動を取ることで母親が感じている感情を理解しようとしているからなのかもしれません。

お母さんの味方になってあげたい。

お母さんの気持ちを理解したい。

そんな純粋な思いが隠れていることがあるのです。

そのようにして始まった父親へ文句を言う習慣が、やがて大人になっても出会う男性に同じように現れてしまうことがあります。

つまり、男性に対して心の中でダメ出しばかりしてしまうのは、ダメ出しをしたいわけではなくて、母親の味方になってあげたかったからという事実に気づくことができます。

このことは、一度聞いただけでは、すぐには理解できないような理屈かもしれません。

しかし、大好きな母親の味方になってあげたくて、母親と同じことをするようになった子どもが、大人になってその習慣に苦しんでいるのだとしたら、「父親の文句を言う母親」と、「出会う男性に魅力を感じられない自分」の2つのまったく異なるように見える現象が、じつはどこかでつながっている可能性があります。

また、出会う男性たちに魅力を感じられず、心の中でバカにしてしまうと、そんな自分に対して自己嫌悪の念を感じることもあります。

どうして自分はこんなにも辛辣になってしまうのだろうか?

自分はひどい人間なのではないだろうか?

心の中で男性にネガティブな言葉を投げつける一方で、自分自身をも責めてしまうことがあるのです。


カウンセリングの中で、男性へのネガティブな感情の下にはまったく別の感情、母親への愛情が隠れていたのだとはじめて知ることになります。

自分が心の中で男性をバカにしてしまうのは、母親の言動をコピーしたことから始まっていて、そこには幼い自分の母親への愛情があった。

自分は悪い存在ではなく、母親を一途に愛そうとするやさしい心があるのかもしれない。

思ってもみなかったような、隠されていた感情がわかると、大人になった自分が、もう母親の言動をコピーする必要がないことにも気づくことができます。

すると、少しずつ男性へのダメ出しから解放され、恋をすることができるようになるのです。

「自分のことは自分がいちばんわかっている」は本当か？

「自分が感じている感情は自分がいちばんよくわかっている」と誰しも思うものかもしれません。けれど、私たちの心や感情は非常に奥が深く、じつは自分でも自分の本当の気持ちに気づいていないことが多くあります。

さらに、私たちが自分の感情を理解することをむずかしくしているいちばんの理由は、前項でご紹介した男性にダメ出しをしてしまう女性の例のように、今感じている感情の下に別の感情が隠れている場合があるためです。

半面、感情の下の本当の感情に気づくことができるだけで、自然と問題が解決していくことも数多くあります。

あなたの心にただ触れてあげることが、あなたの本当の気持ちを知るための第一歩になります。

あなたの本当の気持ちとは、「あなたが大切にしている感情」ということです。

自分が心の中で男性をバカにしてしまうのは、母親の言動をコピーしたことから始まっていて、そこには幼い頃の自分の母親への愛情があった。

母親への愛情こそが、彼女にとっての「大切な感情」だったのです。

次に、男性にイライラしてしまう感情の下に潜んでいる本当の感情に気づくことで、パートナーと深い心のつながりをつくっていった女性のエピソードを紹介します。

カウンセリングの現場から

デートの別れ際に毎回ケンカをしてしまうカップルの話

40代前半の彩さん（仮名）は仕事が大好きな女性でした。仕事一筋の彼女でしたが、ある日雷に打たれたように恋に落ちます。相手は40代前半の男性で、彼女にとって10年ぶりの恋でした。

彼からのアプローチでおつき合いを始めた2人はとても相性がよくて、最初の数か月間、本当に素敵な時間を過ごすことができました。

しかし、おつき合いが始まって4か月が過ぎた頃、少しずつケンカをするようになってしまいました。多くの場合、それは2人でデートした後や週末を一緒に過ごした後、最後の別れ際にケンカしてしまうことが多かったようです。

とくに、一緒に過ごした週末の日曜日の夕方頃から、彩さんがイライラすることが多く、彼に当たってしまうことが何度かありました。

彼は、そんな彩さんのイライラを受け止めてくれていましたが、何度もそんなケンカを繰り返すうちに段々と受け止めきれなくなり、こんなことを言いました。

「僕たち、あんまり相性よくないのかな……」

彼の発言を聞いて不安になった彩さんは私のカウンセリングに来ました。

「私たち、もうダメでしょうか。彼のことがまだ好きだから別れたくないんです。どうすればいいですか？」

彩さんの不安な気持ちをゆっくりと聞きながら、私はこんな話をしました。

心理学の世界では、イライラする感情の下には3つの感情が隠れているケースが多いと言われています。

1つ目は「わかってほしい」。
2つ目は「助けてほしい」。
3つ目は「愛してほしい」。

続けて、彩さんにこんな質問をしました。

「もし、自分のイライラの下にこの3つの感情が隠れているとしたら、どんな感情が隠れていると思いますか？」

私は1枚の紙を彩さんに渡して、感じている感情を書き出してもらいました。少し時間を経てから、彩さんは紙に、1行だけ言葉を記しました。

「わかってほしい、怖い」

私は「何が怖いんですか?」と続けると、「次の日、会社に行くのが怖い」と彩さんが言いました。

彩さんはとてもがんばり屋さんで、仕事のできる女性でした。20年以上も同じ業界で働き戦い続けてきて、嫌な思い、苦しい思い、悔しい思いをたくさんしてきました。

しかし、そんな思いをすべて心の奥にしまって、「私なら大丈夫。私なら大丈夫」と自分に言い聞かせてがんばってきたのです。

そんな彩さんにとって、彼と一緒に過ごす時間は、リラックスできて愛し合える、オアシスのような時間でした。でも、そんな魔法のような時間は日曜の夜になると終わってしまいます。翌日から、また私はあの戦場に戻らなきゃいけない。そう思うと怖い。

そんなメッセージを受け取りました。

彩さんが今までどれほどがんばってきたのだろうと考えると、私は少し胸が苦しくなりました。

彼女自身も、自分のイライラの下に怖いという感情が隠れていたことにとても驚いていらっしゃいました。書いてみるまで、彩さん自身も自分の本当の感情に気づいていなかったのです。

「今日の話を彼にも伝えられたらいいですね」

と私が伝えると、

「えー、恥ずかしいな。でも、2人の仲がよくなるならがんばってみます」

と言って帰っていきました。

彩さんは次のデートで彼と素敵な時間を過ごして、別れ際にまた少しネガティブな感情が湧いてくることに気がつきました。

彼女は勇気を出して、いつもとは違う言葉を彼に伝えました。

「少し恥ずかしいんだけど、私、明日会社に行くのが怖いんだ。だから、抱きしめてほしい」

と。

すると彼は、「そうなの、大丈夫？」と言って、彼女をやさしく抱きしめてくれて、「大変だね、お仕事、がんばっているね」と言ってくれました。

彩さんは、彼に抱きしめられたまま、自分の中からイライラした気持ちが消えていくのを感じました。安心できて、心の奥が温かくなって、彼と本当の心のつながりを感じることができました。

その日以降、2人は少しずつ以前のように仲のよい関係に戻っていきました。

彼女は少しずつ本音が話せるようになり、彼も今まで話してくれなかった話をしてくれるようになりました。

「じつは、僕も仕事で結構プレッシャーを感じているんだよね」

彼はそんなことも教えてくれました。

「彼が自分の弱い部分とか、不安だと思うことを話してくれると、私は世界で誰よりも彼の味方になってあげたいという気持ちになるんです」

お互いに本音を話すことができて、弱い部分もさらけ出すことができて、そんな相手を愛おしく感じる。

そのようにして2人は再び幸せな関係性を取り戻すことができたのです。

心のエクササイズ④

今の感情に意識を向ける

質問1

1分間目を瞑って、自分の心の中に今どんな感情があるか感じてみてください。
感情は一つだけとは限りません。下記の感情の例を参考にして、自分の心にある感情に触れてみましょう。

例 疲れた / ワクワク / 不安 / うれしい / 悲しい / 安心 / 怒っている / ドキドキ / 苦しい/ 大好き

質問2

質問1の感情をなぜ感じていると思いますか？　その理由を書き出してみてください。

例 ● 感じている感情
疲れている

✦ なぜその感情を感じているのか
彼に本音を言ったら嫌われてしまいそうなので我慢をしていたら、つき合っていることに少しずつ疲れてきた。

例 ● 感じている感情
ワクワク

✦ なぜその感情を感じているのか
今日の仕事先とのミーティングで、気になっている男性に会えるから、うれしくてワクワクしている。

解説

「感情を感じて、言葉にする」というシンプルな行為をするだけで、私たちの心は少しずつ落ち着きを取り戻していきます。恋愛だけに限らず、たとえば、何かすっきりしない感情を抱えていたら、「私、今モヤモヤしている」「なぜだろう……」「○○があったからかな」、などと一つひとつ感情をひもといていくことで、自分の心の声に上手に耳を傾けることができるようになっていきます。もし、「何も感じていない」と思う時は、無理に感情を探す必要はありません。「自分は今、何も感じていないな」と思うだけで大丈夫です。

心のエクササイズ⑤

自分の好きな感覚を知る

質問

あなたの好きなものはなんですか?

場所、人、もの、こと、どんなものでも構いません、10個書き出してみてください。

書き出した10個のものにはどんな共通点があると思いますか?(すべてに共通していなくても構いません)

例 好きなもの10個

- 猫
- 近所の公園
- 映画館で観る映画
- 寝ること
- コンビニのスイーツ
- 洋服
- 俳優の〇〇さん
- 海
- 音楽
- パンづくり

例 好きなものの共通点

- ゆったりとした時間が流れている
- 一人でマイペースに楽しめること
- 訪れるたび、出会うたびに少しずつ違った変化を楽しむことができる

解説

自分をよい気分に保つために、自分の好きな感覚を知っておくことはとても重要です。

自分の好きな感覚がわかったら、それを自分にプレゼントしてあげることを意識してみましょう。すると、日常生活でネガティブな感情を感じた時にも、意識的に自分によい感情を与えることで、上手に気分を切り変えることができるようになっていきます。

✦ 自信のなさを解決するのに特別な方法はいらない

恋愛経験が少ないことで「私には魅力がないんじゃないか」と感じたり、過去の恋愛の痛みから恋愛に対する自信を持てなくなってしまうことがあります。

恋愛に自信を持ちたい、自信を取り戻したいと思う時には、まずは恋の場ではなく、人間関係の場でトレーニングを行っていくことが有効です。

恋愛も人間関係の一つですから、人間関係の場で自信を持てるようになると、自然と恋愛に対しても自信を持ちやすくなっていきます。

一般的に、人が自信を失っている時、私たちの意識は自分の内側に向いています。もっと自分に自信を持ちたいと思う時は、自分の内へ向けている意識を自分の外へ向けてみることが大切です。

心理学の世界では、人間は誰しも自信のなさや不安を心の奥に抱えていると言われています。自信に満ち溢れているように見える人も、心のどこかではあなたと同じように、自信を持てない部分があるのかもしれません。ですから、自分の内にある自信のなさは一旦横に置いて、誰かの心の中にある自信のなさや不安へ目を向け、それを拭うために今の自分に何ができるかを考えてみてください。

それは、コンビニでよく会う店員さんに「いつもありがとうございます」と伝えるといったことでも構いませんし、同僚の仕事を具体的にほめてあげるといったことでもよいです。

ポイントは意識を外に向け、愛や思いやりを表現してみるということです。

実際にやろうとすると、すごく勇気がいることだと気づくかもしれません。でも、誰かに感謝を伝える、誰かをほめる、誰かの助けになるといったように自分の外へ意識を向ける時間を増やすと、自然と自分の心の中にある自信のなさへ意識が向く時間は少なくなっていきます。

さらに、人に愛や思いやりの意識を向けてみると、人とのつながりが生まれたり、逆に人から感謝されたり、慕《した》われることもあるかもしれません。

そんな人との関係性の中で、自分が貢献できることがあるという事実が自分に自信をもたらします。

そのようにして育てた自信は、恋愛においてもあなたの心強い味方となってくれるのです。

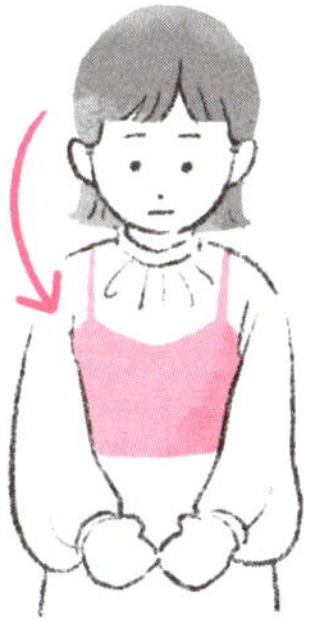

自分の内側に
意識が向いている時

心の中の不安や自信のなさに目を向けすぎてしまうと、さらなる不安を呼び寄せてしまう。

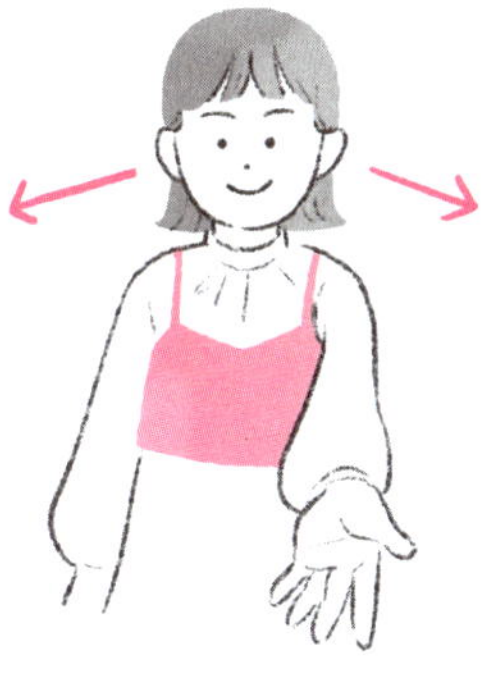

自分の外側に
意識が向いている時

心の内に向いていた目線をあげて、周りの人に対して愛や思いやりを表現することが自分への自信につながる。

✦「仮面をつけた私」と「愛の私」

恋愛のコミュニケーションで大切なことは、「どのような感情を感じながら言葉を伝えるか?」です。そのために、私の中にある愛に気づくことが重要になります。

心理学の世界では、私たち人間は「ペルソナ」と呼ばれる仮面をつけて生きていると言われることがあります。さまざまな場面に応じて、私たちは多くの仮面を使い分けているとも言われています。

私たちが仮面をつける理由は、社会に順応するためでもありますが、同時に、本当の自分をそのまま世界に見せたら、嫌われると思うからなのかもしれません。

「本当は怒りっぽい私、本当は弱い私、本当は意地悪な私」

人は誰しもあまり他人には見せたくない自分がいたりします。だから、仮面をつけます。

「彼に対して寛大な私、明るくて元気な私、気遣いができる私」

しかし、人はずっと同じ仮面をつけて生きていると、いつの間にか息苦しさを感じることがあります。

仮面を被《かぶ》っている自分がどれだけほめられても、本当の自分を愛してもらえていないような気持ちになることもあります。本当の自分を隠していることに罪悪感や自己嫌悪を持つことさえあります。

きっと本当の自分は愛されない。でも、仮面をつけた自分を愛されても虚しい。

現代を生きる私たちは多かれ少なかれ、そのような思いを抱えることがあるのかもしれません。しかし、話はここで終わりではありません。

「仮面をつけた私」と「仮面の下の私」、さらにもう一人の私がいると言われることがあります。それが「愛の私」です。

その存在に気づけるようになると、恋愛がラクになっていきます。

「愛の私」についてもう少し解説します。

たとえば、ある女性が仕事で後輩の指導に悩んでいるとします。その後輩は、仕事に対して少し消極的で、指示を受けても嫌々仕事をしているような雰囲気が感じられました。

チームのメンバーはどことなくその後輩に仕事を振ることを避け、先輩である女性が代わりに仕事を引き受けることもありました。

そんな後輩に対して、女性は心の中で密かな怒りを感じていました。「もっと主体的に仕事をしてほしい」「私があなたの仕事を肩代わりしていることに気づいてほしい」

けれど、彼女は心の中で怒りを感じながらも、後輩に気を遣って指導することができずにいました。

上司や同僚からは、「言うべきことはきちんと後輩に伝えないとダメだよ」と言われることもあり、後輩にうまく伝えられない弱い自分に自己嫌悪も感じていました。

「後輩に対してやさしい先輩の仮面を被っている私」と「心の中で腹を立てている仮面の下の私」、彼女はそんな2人の自分を心の中で感じ、そのどちらの自分でいることも苦しんでいたのです。

ここで、彼女の中の愛に触れてみましょう。

「愛の私」を見つけるポイントは、心の中の願いに耳を傾けてみることです。彼女は、心の中にこんな思いを抱えているのかもしれません。

「後輩を傷つけず、嫌な思いをさせないで指導できる方法はないかな」

「後輩も含めて、チームのみんなが笑顔で楽しく一緒に仕事ができたらいいな」

腹を立てている自分とは別の、温かな願いを持っている、そんな「愛の私」に気づけると、心がふっとラクになったりします。

また、私の中にある愛に触れることができると、後輩を責めることからも、自分を責めることからも離れ、穏やかに自分の気持ちを伝えることができるようになっ

仮面をつけた私

職場、家庭、学校といったさまざまな状況に順応するために、人はいろんな表情を見せる。

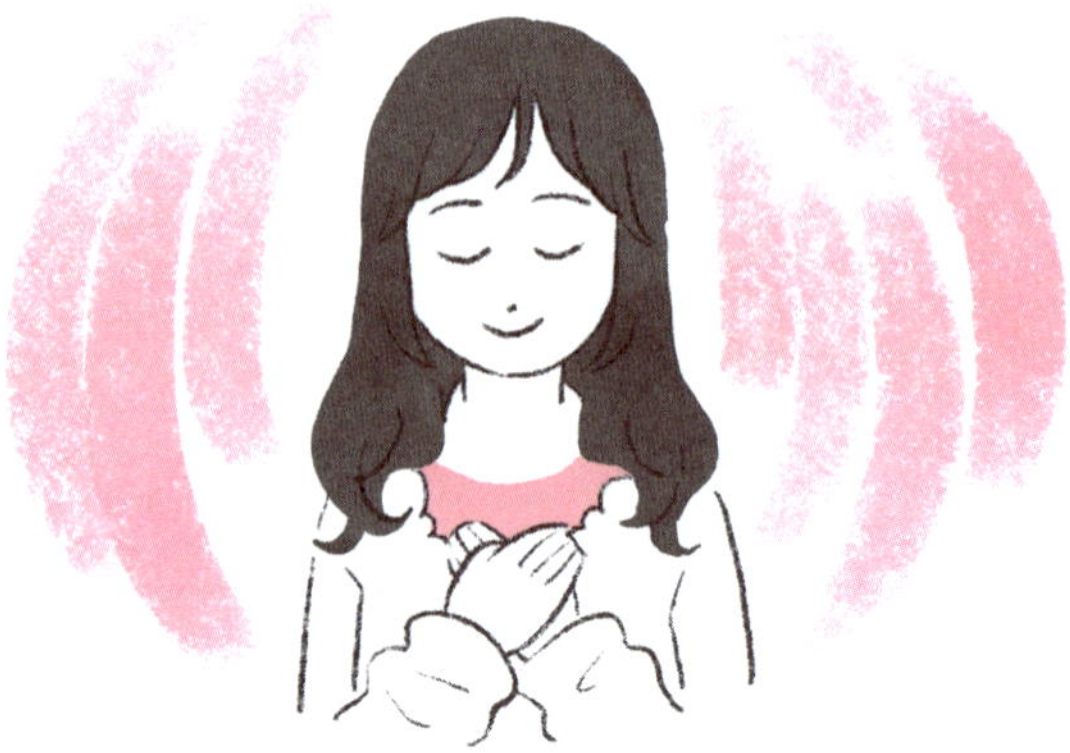

愛の私

心の中にいる「愛の私」の存在に気づくことができると、温かな気持ちを感じながら人と接することができる。

ていきます。

「愛の私」は自分で認めることがなかなかむずかしく、悪い自分や弱い自分のほうがしっくりくることのほうが多くあります。私の中には愛はないとさえ思ってしまうこともあるかもしれません。

愛と聞くと何か壮大なイメージを持たれるかもしれませんが、犬や猫を見てかわいいと思ったり、花を愛でたり、体調の悪い家族や友人を気遣う気持ちなど、自分の中にある温かな思いもまた、愛なのです。

心の奥の微かな願いの声に耳を澄ませ、もしかしたら「愛の私」もいるのかもしれないと思ってみることからチャレンジしてみましょう。

こうした考え方は、恋愛に活かすこともできます。

次に、「愛の私」に気づき、彼と上手にコミュニケーションをとることができるようになった女性のエピソードをご紹介します。

カウンセリングの現場から

彼のやさしさを素直に受け取れない心の内とは？

カウンセリングに来た葵さん（仮名）のケースを紹介しましょう。

葵さんは趣味のゲームを通じて、今の彼と出会いました。彼はベテランプレイヤーで、はじめは頼もしい彼のサポートを受けて、2人は楽しくゲームの時間を過ごしていました。しかし、葵さんは自分なりに腕を磨いていく中で、少しずつ彼のサポートやアドバイスを受けることにモヤモヤした気持ちを抱くようになっていきました。

「彼は私のことを気遣って、たくさんサポートをしてくれます。私が失敗しても、『大丈夫だよ』といつもやさしく言ってくれて。

でも、そんな彼に対して、私がネガティブな感情を持ってしまうことがあるんです。彼がいつも私を助ける側で、私が足手まといのような存在に感じてしまい、ゲームを楽しめない時があります。彼の好意を素直にありがとうって喜べたらいいのに、私って嫌な女ですよね」

葵さんは少し悲しそうに胸の内を明かしました。

「いつもサポートされる側だと、モヤモヤすることがありますよね」

「はい、でも、それが嫌なら、自分がうまくなればいいことだし。それができないのは、私が悪いんです。だから、どうしたらいいのか、わからなくなる時があります」

どうすればいいのかがわからない時、「私は今、何を感じているのか?」を素直に感じてみることが大切です。

そこで、私は彼女に質問をしました。

「ゲームをしている時、どんな感情を感じていますか?」

「最近は、私は弱くて役に立たないなという感情を感じています」

「では次に、彼からやさしく『大丈夫だよ』と言われると、どんな気分ですか?」

「言いにくいのですが、うるさいなと思います(笑)」

「彼に対して心の奥で『うるさいな』と思った後、どんな気分になりますか?」

「私は嫌な女だなと思います」

「なぜ、嫌な女と思うのですか?」

「せっかく彼がやさしくしてくれているのに、ありがとうと思えないんですよ。ひねくれていて嫌な女じゃないですか？」

「なるほど。ということは、彼のやさしいサポートに対して、本当はありがとうと思えるようになりたいのですか？」

「はい、そうです」


そこで私は、「仮面をつけた私」と「愛の私」についてのお話をしました。

「葵さんの例で言うと、彼の前で『よい彼女の仮面をつけている私』と、仮面の下で彼のサポートに『うるさいなと思っている私』がいて、でも同時に、彼のサポートを本当はありがとうと受け取りたいと願っている『愛の私』もいるのかもしれません。

彼は人の役に立つことが好きで、私を喜ばせることが好き、だから、そんな彼の気持ちを素直に受け取って、彼を笑顔にしたいと思っている自分。これが『愛の私』なんですよね」

すると、葵さんは、

「彼のサポートを嫌だと思うのは自分が性格が悪いからだと思っていたけれど、私の中にも愛があると言われると、なんだか変な気持ちです。でも、そうなのかもしれないと思うと、ちょっと気持ちがラクになったような気がします。でも、結局どうすればよいのでしょうか？」

そう前向きに聞いてくれたので、私はこう伝えました。

「彼のサポートを嫌だなって思っちゃう自分もいるけど、彼を笑顔にしたい『愛の私』もちゃんといる。その『愛の私』を感じながら、彼に嫌だって伝えてみてもいいのかもしれません」

「なるほど、なんだか彼にうまく気持ちを伝えられそうな気がしてきました」

次のカウンセリング時に、葵さんは報告をしてくれました。

「彼とゲームをしていて、また彼のサポートがちょっと重たいなと感じる時があったんです。だから、カウンセリングのことを思い出して彼に言いました。

『サポートばかりされると、私が足手まといな感じがして嫌！　本当はずっと嫌だったんだー！』と明るく言うことができました（笑）」

「それで彼の反応はいかがでしたか？」

彼は全然嫌な顔ではなく、少しびっくりした表情で、「えー、足手まといじゃないよ。一緒にゲームしていてすごく楽しいから、口を出しちゃった。ごめんね。最近、上手になっていてすごいよね」と言ってくれました。

正直に言うことが怖かったのに、カウンセリングで自分には愛があるんだと思ったら、意外と気楽に言えました(笑)。
彼もすんなり受け取ってくれて、なんか拍子抜けしちゃったというか……。しかも、彼に上手になっていると言われたことが素直にうれしくて、彼も私とゲームするのが楽しいからアドバイスしてくれていたんだなと改めて思えました」

その後、葵さんは彼に以前よりも上手に気持ちを伝えることができるようになっていき、2人の関係性はよりよくなっていきました。

心のエクササイズ⑥

自分の中の愛に触れる

質問

あなたは過去にどのように自分の愛を表現しましたか？
エピソードを3つ書き出してみてください。
また、あなたの愛にはどんな思いや、願いが込められていたと思いますか？

例
- 表現した愛
  近所の野良猫を撫でた

✦愛に込められていた願いや思い
かわいいね。あなたが健康で毎日幸せに生きられますように。

- 表現した愛
  彼の誕生日に、彼の大好物の料理をつくってお祝いした

✦愛に込められていた願いや思い
あなたのことが大好きです。あなたにとって素敵な一年になりますように。

解説

カウンセリングでこのエクササイズを行うと、「自分の中にも意外と愛があることに気がつけた」という感想をいただくことがよくあります。
私たちは思考の癖から、自分の悪い部分にばかり目が向いてしまいがちですが、自分の愛にも目を向けることができるようになると、少しずつ自分を好きになれたり、自分を表現できるようになったりして恋愛上手になっていきます。

✦再び歩き出すために、鳥の目で世界を見る

ここからは、自分の視点を切り替えて、恋する心を整える方法をお伝えします。一つ目は「人生を俯瞰してみること」です。人生を俯瞰してみることは、今のつらい気持ちから抜け出し、再び前向きに歩き出すまでの時間を短縮してくれる効果があります。

私たちが悩みごとを抱えている時、思い悩むあまりネガティブな感情に飲み込まれ、問題に意識がフォーカスしすぎていることがあります。苦しみや、悲しみの真っ只中にいる時には、何よりもまず、自分の心を休め、癒やす時間をとることが大切です。

やがて心が回復してきたと感じられたならば、自分が物語の作者になったようなつもりで、その出来事を俯瞰してみましょう。

そして、「この物語がハッピーエンドになるとしたら、主人公はあの経験からどう成長し、何を学んで、どんなバージョンアップをしようとしているのだろうか」と考えてみるのです。

すると、私たちは大きく変化し、成長することができるようになっていきます。

また、時には過去に経験した悲しかった、つらかった、大変だった出来事がその後の自分の人生にどんなよい変化をもたらしてくれたかについて、人生全体を振り返ってみる時間をとることもおすすめします。

たとえば、就職活動に失敗して希望した会社に入れなかった時は絶望したけれど、そのことがあったおかげで自分が本当にやりたいことに気がつき、天職と感じられる今の仕事をやるきっかけになった。

または、大好きだった彼と別れたことは本当に悲しかったけれど、その別れがあったから私はやさしくなれて、今、心から大切だと思えるパートナーと出会い幸せに暮らしている、というように鳥のような俯瞰した視点で自分の人生を振り返ってみましょう。
当時は苦しかったけれど、今となっては必要な経験だったと思えるようになったという感覚が掴めると、今抱えている問題についても大きく視点を変えるきっかけになるかもしれません。

また、俯瞰する視点を持つことに慣れていくと、失敗と思えるような出来事に遭遇しても、落ち込んだり、自分を責めたりするよりも、そこから学びを見出し、再び歩き出すことができるようになる時間が早くなっていきます。
結果として、よい気持ちで過ごすことのできる時間も増えていき、あなたが描いた物語のように恋愛だけでなく、人生全体も豊かになっていくのです。

ただし、過去の経験を思い出すことが苦しいと感じる時には、無理に思い出す必要はありません。そんな時は、どうぞゆっくり心を休める時間をとってあげてください。

カウンセリングの現場から

自分を俯瞰することで離婚から立ち直れた話

離婚をきっかけにカウンセリングに来た、真帆さん（仮名）の例を挙げましょう。

「結婚生活の最後は、夫との関係はとても悪かったです。夫の頼れるところを好きになったのですが、いつからか夫の言いなりになっていたように感じます。

結婚していた時はそれがふつうだと思っていたのですが、今になって考えてみると、なぜ私はあんなに嫌われることを恐れて自分の意見が言えなかったのかなと思います。

つらい結婚生活だったので、離婚したことは後悔していないのですが、結婚に失敗したということが今でも苦しいです」

真帆さんは疲れきった様子でそう話をしました。

心が苦しい時、私たちは心の中で何かを責めることに力を注いでしまうことがあります。

自分が悪い、相手が悪い、社会や仕組みが悪いといったように、何かを責める気持ちが上がってくる時には、心が痛みを抱えているサインなのかもしれません。

そんな時は、まずはゆっくりと心を休めて、傷を癒やしていくことが大切です。

真帆さんは少しずつ自分にやさしくして、自分の感情をていねいに感じていくことで、心を回復させていきました。

3か月が過ぎた頃、彼女はポツリと気持ちを話してくれました。

「私、一度結婚に失敗したけれど、いつかまた好きな人ができたらいいなと思います。今はまだ、そんな心の余裕はないですけれど……」

その言葉を聞いて、私は真帆さんが少しずつ次のステップに進む時が来ていることを感じました。そこで私は、こんな話をしました。

「私たち人間は過去の出来事を、失敗体験のように感じてしまうことがあります。その出来事にフォーカスするのではなくて、一度大きく視点を引いて、物語の作者になったような気持ちで自分の人生全体を見る意識に立ってみると、思いもよらない気づきがあります。

もし仮に、離婚という経験は失敗ではなくて、自分の人生において、もっとも大切な成長なのだとしたら、それはどんな成長だったと思いますか?」

するとと、真帆さんは少し考えて答えてくださいました。

「私、彼とつき合い始めた頃から、彼に嫌われるのが怖くて、あまり自分の気持ちを言えなかったように思います。でも今はもっと私自身を大切にしてもいいのかもしれないと思えるようになってきました。それが成長なのかな?」

「とてもすばらしい成長だと思います。あの経験から、『自分自身を大切にすること』を知ったのですね。

次の質問です。あの経験から得た『自分自身を大切にすること』を、これからの人生でどのように活かしていけると思いますか?」

こんな答えが返ってきました。

「今までやってみたいと思って後回しにしていたことに挑戦してみようかな。昔から料理をするのが好きなので、もっとちゃんと学んでみたいと思っていました」

真帆さんは本格的に料理の勉強を始めて、新しい世界へと足を踏み入れました。

さらに、今まで、人間関係でNOを言うことが苦手だった彼女は、少しずつ自分の気持ちを相手に伝えることもできるようになっていきました。そして、新しい自分へと変化を遂げていく中で、彼女は新しい恋も始めることができました。

「カウンセリングで『離婚は失敗じゃなくて、新しい私の生き方に気づくための成長であった』という気づきは、私にとってすごく大きかったように思います。あれから、私は本当に新しい人生を築くことができました」

つらい経験から学びを得て、夢を叶えた彼女は、自分の人生のハッピーエンドに向けて、物語を書き進めたのでした。

心のエクササイズ⑦

失敗から成長できたことに気づく

質問

あなたが経験した過去の出来事で、失敗したと思うことや後悔していると感じるエピソードを一つ書き出してみてください。その経験から、あなたの人生にとって何か大切なことを学んだとしたら、何を学んだと思いますか?

例 ● 失敗したと思う出来事

アプリで知り合って、うまくいきそうだった彼がいたのに、恥ずかしくてそっけない態度をとってしまい、連絡がとれなくなってしまった。

✦ 学んだ大切なこと

自分の好意はちゃんと相手に伝えないと後悔すると学んで、それからは素直に気持ちを伝えるようにしている。だからこそ、今の彼には素直な気持ちを表現して、つき合うことができた。

例 ● 失敗したと思う出来事

仕事で上司の指摘にイラッとして不機嫌な態度をとってしまい、後悔した。

✦ 学んだ大切なこと

今は部下を持つようになった。あの頃の自分のように、彼女たちが感じている気持ちがわかるので話を聞く機会を設けている。

解説

このエクササイズで大切なことは、今まで失敗だったと思っていた経験に対して、まったく別の視点を自分に体験させてあげることです。カウンセリングでこのエクササイズをしてもらうと、「どんな経験でも成長につながると気づき、新しいことにチャレンジしてみようかなと思えるようになった」という感想をいただくことがよくあります。もし、過去を思い出してつらくなる時は、無理に行う必要はないので、ゆっくり心を休めてください。

✦私たちはすでに多くのものを手に入れている

私たちは心の調子が悪い時や物事がうまくいかない時、自分に「ないもの」に意識が向く傾向があります。

パートナーがいない、お金がない、時間がない、休みがない、楽しいことがない。

心が苦しい時には、「自分には何もない」と感じられることもあるかもしれません。このような心の傾向はごく一般的で、誰にでも起こりうることです。

しかし、ネガティブに偏りすぎた思考パターンを長く持ち続けると、私たちの心は少しずつ自信を失ってしまったり、やる気がなくなったりすることがあります。

そんな時は、意識的に「あるもの」に目を向けてみましょう。自分に「ないもの」から「あるもの」に意識的に目を向けることで、私たちの心は再び自信を取り戻していくことができます。

私が以前読んだ外国の雑誌の中に、とある女優さんの自宅でのインタビュー記事が載っていました。その中で、インタビュアーが女優さんにこんな質問をしていました。

「あなたは朝起きて、まず何をしますか？」

その質問に彼女はこう答えていました。

「私は朝起きて、まずコップ一杯の水を飲みます。おそらく、人類の長い歴史で、朝起きてすぐに新鮮な水が飲める時代はあまりなかったと思うから、ありがたいなと思います。

そのあと、カーテンを開けて、日の光を浴びます。

雨風をしのげるこの部屋があってよかったなと思います。窓を開けて、新鮮な空気を吸い込みます。

空気をおいしいと感じられる健康な体があることを実感します。そのように、私は今あるものに目を向ける時間を毎朝3分とります。すると、不思議と心が穏やかになるのです」

自分にないものばかりに意識が向いて苦しく、自信を失ってしまう時には、このインタビューにあるように、意識的に今あるものに目を向けることで、心が満たされ、自然と自信を取り戻していくことができるようになっていきます。

たったこれだけのことですが、苦しい時に視点を切り替えて世界を見る習慣をつけていくことが、人生をより楽しく生きる一つのヒントになるのです。

自分にあるものの中には、努力をして手に入れたもの、生まれつき兼ね備えているもの、よいと思って手に入れたものなど、さまざまなものがあります。

しかし、それらがいつの間にか当たり前になってしまうことで、「ある」ということを忘れてしまっているのかもしれません。

これからご紹介するエピソードと心のエクササイズの中で、今の自分にあるものに目を向ける方法やポイントについて解説していきます。

このエクササイズは習慣化することでより効果を高めていくことができますので、ぜひ日々の生活の中に新しい習慣として繰り返し取り入れてみてください。

カウンセリングの現場から

人生がうまくいかない時、心を占めるもの

奈々さん（仮名）は、恋愛がうまくいかない悩みを抱えていました。

「30代に入ってから、なかなか恋愛がうまくいかないのです。つき合っても半年以内に別れてしまうことが、3回も続いています。しかも、仕事でこの前大きなミスをしてしまって、恋愛だけじゃなくて、人生がうまくいっていないなと思ってしまいます」

カウンセリングでは、彼女が心の中に抱えている不安や不満を吐き出してもらい、恋愛や仕事のことで傷ついた心を少しずつ回復させることを中心に進めていきました。

彼女の心が落ち着きを取り戻した頃、私は先に紹介した雑誌の話（96ページ参照）をしました。

「今、自分にあると思うものを10個書き出してみてください。当たり前にあるもの、家がある、仕事がある、健康な体があるなど、どんなものでも大丈夫です」

彼女は少し時間をかけてこんなリストを書き出してくれました。

今の私にあるもの

- 家族
- 家
- 仕事
- やさしい上司
- 親友
- 携帯電話
- パソコン
- 健康な体
- 漫画
- 少しだけど、貯金

「リストを書き出してみて、どんな気持ちがしましたか?」

「結構、いろんなものがあるなと思いました。仕事でミスしても、やさしい上司がすごくフォローしてくれたり、親友が話を聞いてくれたりしたことを思い出しました。家族も離れて暮らしているけれど、いつも気にかけてくれているなと改めて思いました」

奈々さんはそれから少しずつ、自分にあるものに目を向ける練習を行い、リストを書き足すエクササイズを続けました。それに比例するようにカウンセリングでの様子も明るくなっていきました。そして、こんな報告がありました。

「私、好きな人ができました。今まで好きな人ができると、自分にはこれがないから、あれがないから、きっとうまくいかないって思っていましたが、今回は私にはないものもあるけれどあるものもちゃんとあるから、できるだけがんばってみようと思えている感じがします」

自分にあるものに目を向けることができるようになってきた奈々さんはとても清々しい表情をされていました。さらに数回のカウンセリングを行いながら、彼へのアプローチ方法を一緒に考え、彼女は見事、素敵な彼とおつき合いすることができたのでした。

心のエクササイズ⑧

あるものに目を向ける

質問

今の自分にあるものを10個書き出してみてください。

例 ● 今の私にあるもの

1. 居心地のよい部屋
2. お気に入りの洋服
3. 心置きなく話ができる親友
4. やりがいのある仕事
5. 近所のおいしいパン屋さん
6. 最近買ったエスプレッソマシン
7. ふかふかのベッド
8. 思い出の写真がたくさん詰まった携帯電話
9. 気になっている彼
10. 週末自由に過ごせる時間

解説

あるものに目を向けることができるようになると、「当たり前にあるもの」に対して感謝する心の感度が上がっていきます。すると、同僚からのちょっとした気遣いや、彼からのさりげないやさしさなど、自分に向けられている小さな愛にも気づけるようになり、恋愛や人間関係が良好になっていきます。

第2章

恋愛の仕組みを知っていますか？

男性が離れられなくなる女性ってどんな人？

第1章で恋する心を整えることができたならば、いよいよ恋の実践編に入っていきましょう。基本的な恋愛の仕組みを理解しておくだけで、恋を成就させるために必要なものが見えてきます。

あなたは、どんな女性が「モテる人」だと思いますか？　外見がよい人でしょうか？　それとも、やさしい人でしょうか？

モテる人の基準は、時代や国、個人の嗜好などによって大きく変わってくると言われています。しかし、心理学的に考えると、モテる人の共通点はたった一つ。

それは、「相手によい感情を与えることができる人」だと考えられています。

これは性別に関係なく、共通する事実です。

外見がよい人がモテるのは、一緒にいてドキドキするからかもしれませんし、「こんなに素敵な人が自分のパートナーなんだ！」とうれしい気持ちになるからかもしれません。

やさしい人がモテるのは、自分のすべてを受け入れてもらえるという喜びを感じられるからかもしれませんし、穏やかな気持ちで一緒の時間を過ごせるからかもしれません。

お金持ちの人がモテることもありますね。この場合、一緒にいると見たことのないようなワクワクする世界を体験できるからかもしれませんし、十分なお金があるという安心感が得られるからかもしれません。

ドキドキ、うれしい、ワクワク、安心感、喜び、穏やかな気持ち。

これらはすべて、人間が感じるよい感情です。


恋をしている時、私たちは「相手と一緒にいる時に感じる感情に恋をしている」と言われています。

会うたびにドキドキして、守ってあげたくなったり、守られているような安心感や笑いが絶えないほどの楽しさ、すべて通じ合っているような居心地のよい感覚。

そんな、自分にとってよい感情を感じさせてくれる人に私たちは恋に落ちるのです。

現在、意中の相手がいる場合や、モテたい！　と思う時、外見を磨くことも、仕事で成功を収めようとすることも、神様のようにやさしい人になろうとすることも、もちろんすばらしいことです。

しかし、ゴールが果てしなく遠く感じて恋愛することを投げ出したくなる時は、「あなたが相手にどんなよい感情を感じさせてあげたいか？」を考えることが、恋が成就する近道だったりします。

これから「男性がベタ惚れしてしまう女性」「男性が離れられなくなってしまう女性」を目指すなら、やるべきことはたった一つ、よい感情を相手に感じさせてあげることです。

それだけであなたの魅力に人は惹きつけられ、恋愛がうまくいき始めます。

✦恋愛がうまくいく、たった一つのルールは「共鳴」

相手によい感情を与えてあげたいと思う時、理解しておきたい大切な心の仕組みがあります。

それは、「共鳴」と呼ばれる心の作用です。

共鳴とは、簡単に言うと、

「人間は物理的、心理的距離が近い人と同じ感情を共有しやすい」

という心の仕組みを指します。

たとえば、社員全体がやさしくて、人柄のよい上司と明るい雰囲気の同僚がいる会社と、いつもイライラして嫌味っぽい上司と、文句ばかり言っている同僚しかいないギスギスした雰囲気の会社、あなたは、どちらの会社で働きたいと思いますか?

多くの方は、前者と答えるのではないかなと思います。

素敵な上司と同僚に囲まれている会社で、みんなが助け合って、感謝の言葉や笑い声が行き交い、やりがいを感じながら働いている時に感じる感情。

一方で、嫌味っぽい上司と文句ばかりの同僚に囲まれている会社で、怒号と陰口が蔓延して、自分を押し殺しながら、怒られないように働いている時に感じる感情。

仕事の条件は変わらなくても、一緒に働く人が醸《かも》し出す雰囲気に、自分の感情が大きな影響を受けることを、私たちは本能的に知っています。

周りの人がよい感情を感じていると、自分も自然とよい感情を感じて、周りの人が悪い感情を感じていると、知らぬ間に自分も嫌な気分になっていく。

これが共鳴のメカニズムです。

すごくシンプルな心理原則ですが、この仕組みが理解できると、あなたが大好きな人によい感情を感じさせてあげる方法がわかってきます。

それは、あなたがたくさんよい感情を感じて、表現するということです。

「うれしい」「楽しい」「幸せ」「安心する」、そのような感情を感じた時、素直に表現するだけで、人は魅力的になっていくのです。

よい感情が共鳴すると

自分をよい感情で満たし、彼と接することができると、
その感情が共鳴し、彼もよい感情を感じやすくなる。

一方で、いつもよい感情を保ち続けることがむずかしいと感じることもあると思います。

なぜならば、人は恋をすると、「彼から愛されていないような感覚」になって不安になり、「自分のダメな部分にばかり目が向いて」自信を失ってしまうことがあるからです。

恋愛がうまくいっていない時、ほとんどのケースはそのようなネガティブな感情が共鳴して、お互いにすれ違っている状態だったりします。

もし、よい気分を感じることがむずかしいと感じる時は、第1章でお伝えした、恋する心を整える時間をつくってみてください。

✦「ありがとう」の言葉が奇跡を起こす

よい感情を誰かと共鳴させるもっともシンプルな方法は、みなさんよくご存じの方法です。

まず、「ありがとう」という感謝の言葉から始めてみましょう。

ありふれた言葉かもしれませんが、奥が深くとてもパワフルな言葉でもあります。

私は、これまでに「ありがとう」の言葉が奇跡を起こす事例を本当にたくさん見てきました。

恋人であっても、家族や友だちであっても、素直に「ありがとう」を伝えることは少し気恥ずかしい気持ちになるかもしれませんが、ぜひこのシンプルな言葉からあなたのよい感情を共鳴させてみてください。

「ありがとう」と言うだけでも十分にすばらしいのですが、もっと効果的で、人生が変わってしまうほどの「ありがとう」の伝え方があるので、お伝えします。
もっとも効果的な「ありがとう」を伝えるには、３つのポイントがあります。

ポイント1　具体的なエピソードについて感謝を伝える

「いつもありがとう」といった漠然とした感謝の言葉は言いやすくはありますが、具体的に「いつ」の「どんな」エピソードに対して感謝をしているのかを伝えることができるとより効果的です。

例「この間、私がイライラしてあなたに八つ当たりしちゃった時があったよね。あの時、やさしく受け止めてくれてありがとう」

ポイント2　その時に自分が感じた感情を伝える

感謝を伝えたいエピソードに、自分がどんな気持ちを感じたのかを伝えることができると、言葉に奥行きが生まれてきます。

例「この間、私がイライラしてあなたに八つ当たりしちゃった時があったよね。あの時、あなたがやさしく受け止めてくれたから、安心できて涙が出たよ。いつも味方でいてくれてありがとう」

ポイント3 その時に感じた相手のいいところを伝える

相手のいいところを伝えることは感謝だけではなく、相手のすばらしさを承認することでもあります。

例「この間、私がイライラしてあなたに八つ当たりしちゃった時があったよね。あの時、あなたがやさしく受け止めてくれたから、安心できて涙が出たよ。あなたのやさしくて頼れるところ、本当にかっこいいよ。いつも味方でいてくれてありがとう」

誰かに感謝の気持ちを感じた時に、ただ「いつもありがとう」と伝えることもすばらしいですが、この3つのポイントを意識して伝えてみるだけで、「ありがとう」にたくさんの大切な思いを込めることができます。

また、3つのポイントを踏まえて伝える言葉を考えてみるだけで、自分の心の中にある感謝の気持ちをより大きく感じることができるようにもなります。


誰かに感謝の気持ちを感じる時、それは自分自身の心が感謝や喜び、安心感といったよい感情で満たされているということでもあります。

自分の心をそんなよい感情で満たした上で、相手に心からの感謝を伝えることで、もっとも効果的に「ありがとう」を伝えることができるのです。


もし今、あなたに感謝を伝えたい人がいる場合、ぜひこの3つのポイントを意識しながら感謝を伝えてみてください。少しむずかしく感じる時は、小さな感謝を伝えることから練習してみることをおすすめします。

何度も繰り返すうちに、自然とポイントを押さえた言葉を伝えることができるようになっていきます。

また、感謝の気持ちは、同じ内容を何度でも伝えて構いません。小さな感謝も、大きな感謝も、コツコツと心を込めて伝え続けることで、やがて大きな変化を生み出します。

次のエピソードでは、「ありがとう」という言葉が復縁を手繰《たぐ》り寄せたある女性のお話をご紹介します。

カウンセリングの現場から

「ありがとう」の一言で幸せになった話

30代後半の紗良さん（仮名）は3年間つき合った彼と、半年前にお別れしてしまいました。些細《ささい》なことから始まったケンカが原因でした。

その後、何人かの男性とデートをする機会はありましたが、恋心に発展することはなく、その都度別れた彼のことが頭に浮かんできていました。

そんな言葉にできないモヤモヤとした気持ちを抱えて、彼女はカウンセリングにやってきました。

「前の彼とお別れしてから、何度か別の男性とデートをしました。でもどこか物足りなくて、なぜか前の彼とのよい思い出ばかり、頭の中に浮かんでしまうんです」

そう話す紗良さんの気持ちを聞いていくうちに、彼女は自分が別れた彼のことがまだ好きで、やり直したいと思っていることに少しずつ気がついていきました。

「私、やっぱりまだ彼のことが好きなんですよね」

と、最後に紗良さんは言いました。

私は、まず、紗良さん自身が感じている苦しい感情をケアすることから始めました。

彼女は彼と復縁したいという気持ちを持ちつつも、別れの原因となったケンカの際にお互いに投げ合ってしまった傷つけ合う言葉に心を痛めていましたし、彼に再び連絡をとる勇気が持てずに怖がっていました。

私が「別れの原因となったケンカの後、どんな気持ちになりましたか?」と聞くと、

「最悪の気分でした。言われたことにも腹が立ったし、でも、私も彼を傷つける言葉を言ってしまって……」

そう紗良さんは話してくださいました。

「ケンカの時は、言いたくない言葉を発してしまうことがありますよね。でも、もしかすると、彼も同じ気分だったのかもしれません。せっかく愛し合った2人のために、最後の2人の感情をよいものに変えていきませんか?」と投げかけました。

そして、「彼へ伝えたい感謝の言葉を10個、考えてみてください」とお願いをしました。

時間をかけながら、時折ポロポロと涙をこぼして、紗良さんは彼への感謝の言葉10個を書

き上げました。彼女がリストを書き終えた時、私は聞きました。

「今、どんなお気持ちですか？」

「なんだか、悲しいような。でも、改めて彼の素敵なところを思い出して、うれしい気持ちのほうが大きいような気がします」


自分の心がネガティブな思い出や、感情に飲み込まれている時、よい思い出や感情に意識を向けてみることが、心を整えるために有効な場合があります。

彼女の場合も、彼への感謝の言葉を考えるうちに、彼とのつらいケンカや、悲しい別れの思い出ではなく、彼と過ごした楽しくて、幸せだった日々の記憶を思い出し、温かい感情が心に広がっていったようでした。


その後、一緒にリストの項目を一つずつ見ていくと、「いつもデートの時に素敵なレストランを予約してくれてありがとう」という言葉がありました。

私が、「どんなレストランに行ったことが記憶に残っているのか？」「どんな料理を食べたのか？」「彼とどんな会話をしたのか？」について聞いていくうちに、紗良さんは当時を思い出しながら、その表情には少しずつ笑顔が見られました。

「彼が予約してくれたすばらしいレストランで、素敵なデートをした時、どんなことを感じましたか？」

と聞くと、紗良さんは少し考えてから、

「大切にされていると感じました」

と呟きました。

「大切にされているとは、どんな感覚ですか？」

「愛されている感じがして、うれしくて、安心できる気がします」

紗良さんは、カウンセリングの最初に感じていた彼との間の苦しい感情から離れて、愛されている、安心できるというよい感情を感じ始めていました。そして、私たちは話し合いながら、そんなよい感情を感じられるような彼へのメッセージを考えました。

そして、紗良さんはカウンセリングの後に、別れた彼にこんなメッセージを送りました。

「久しぶり！　さっき、昔あなたが連れていってくれたレストランの前をたまたま通って、あなたのことを思い出したよ。

いつも私の好きなお肉がおいしいお店を調べてくれて、大切にされていたんだなと改めて思った。本当にありがとう。それだけ伝えたくて連絡したよ。お仕事がんばってね〜！」

するると、彼から返信がきました。

最初は他愛もない会話を少し交わしただけですが、それをきっかけにまた少しずつ連絡をとるようになり、２人は再び会うことになりました。

再会した時に、紗良さんは彼におつき合いしていた時の「ありがとう」をたくさん伝えました。すると、彼も同じようにおつき合いしていた時の感謝の言葉を伝えてくれて、２人はめでたく復縁することとなりました。

心のエクササイズ⑨

今、感謝したいことをまとめてみる

質問

あなたが今、直感で感謝を伝えたい人を3人書き出してみてください。それぞれの人に伝えたい「ありがとう」を、先ほどご紹介した3つのポイント(112ページ参照)を踏まえて書き出してみてください。

解説

感謝のエクササイズはパワフルに、人生をよい方向へ進める効果があります。感謝をするということは、相手から愛を受け取ったことを表しています。愛を与えてくれた相手も、愛を向けられている自分も、どちらの存在も肯定する言葉が「ありがとう」という言葉なのです。

✦恋はたった2ステップで始まる

素敵な男性に出会い、恋が始まる予感がしたとします。恋を始めるためには、心理的には大きく分けて2つのステップが必要になります。

ステップ①　心理的な距離を縮める
ステップ②　男女の雰囲気をつくる

第1章でも触れた通り、私たち人間には心理的距離があります。出会ったばかりの2人は心理的距離が遠い状態にあり、その状態で相手に一目惚れすることはあっても、お互いを意識した恋がいきなり始まることはむずかしいかもしれません。たとえば、あなたに気になる彼がいる場合、関係性がまったくできあがっていない状態で相手をいきなりデートに誘っても、驚かれてしまうことがあるでしょう。

恋の成功率を上げるためには、実際にアプローチを始める前の段階で、どれだけ相手との心理的距離を縮めることができるかが鍵になってきます。

そのためには、相手と同じ体験、同じ感情を膨らませて共有していくことがとても大切です。

たとえば、気になる相手が会社の同僚であれば、一緒にランチをとる、コーヒーブレイクをとるなどの体験を共有する。

趣味の写真のワークショップで出会った人ならば、好きな写真やカメラの話をして同じ時間を共有したりすることもよいかもしれません。

これがステップ①の心理的距離を縮めるための、いちばん簡単な方法です。

心理的距離が近くなってきたら、次のステップへ進む時期です。

あとは、彼との間にお互いを異性として意識し始めるスイッチを入れることができれば、2人の間に男女の雰囲気が流れ始めます。この2つのステップが、恋が始まる仕組みです。

これから、ステップ①とステップ②をそれぞれもう少し詳しく解説していきます。

✦大切な人と心理的距離を縮める方法

まずは、「ステップ①心理的な距離を縮める」から見ていきましょう。

すでにお伝えしたように、体験や時間の共有を積み重ねていくことで、私たちの心は次第に親密になっていきます。さらに、２人の親密さを加速させるためには、感情を共有することが有効です。

それには、おすすめの言葉があります。それは、「ね」という言葉です。会話の文末につける「ね」という言葉は、専門用語で「共感獲得表現助詞」と呼ばれ、相手との感情の共通性を強調する言葉でもあります。

たとえば、ご飯を一緒に食べて「これおいしいね」「このレストラン、よい雰囲気のお店だね」などと会話をして一緒に笑い合ったりしますよね。

このように「楽しいね」と共有した体験とお互いが感じている感情を「ね」とい

う言葉で共有することができると心理的距離はグッと縮まりやすくなります。

一緒にランチやコーヒーブレイクをしている時に「最近、忙しいですよね」と声をかけ合ったり、写真の話をする中で「この写真家、素敵ですよね」といった会話を交わしたりするだけで、経験だけではなく、お互いに同じ感情を共有していることを実感することができます。

このような経験を積み重ねていくと、「この人とは気が合うな」「この人といると同じ感覚でいられて安心するな」と自然と好感度が上がっていくことが多くあります。

もちろん、恋愛関係の中でも「楽しいね」「幸せだね」といったよい感情を一緒に膨らませていくことが、よい関係性を持続させるコツでもあります。

ただし、「ね」の使い方には注意点があります。

使いすぎたり、相手と感情が共有できていないタイミングで使用すると相手が感情を強要されているように感じたり、自分の気持ちをわかってもらえていない感じがしたりする可能性もあります。

彼や気になる男性への「ね」はここぞという時に使うのがおすすめです。相手が自分と同じ感情でいてくれるかわからない時には、無理に「ね」を多用せず「これ、おいしい」「楽しいな」「幸せだな」と自分が感じているよい感情を表現することにとどめておくほうが無難かもしれません。

✦「恋のシグナル」は3つの強度で持っておく

次に「ステップ②男女の雰囲気をつくる」についてさらに解説します。

ステップ①を通して2人の距離が縮まってきていると感じられたら、少しずつ男女の雰囲気をつくっていきましょう。

気の合う同僚、趣味の場で出会った気の合う友だちという関係性からもう一歩踏み込んで、恋を始めるためには男性と女性としてドキッとする場面を増やしていくことが大切です。

それはつまり、「私はあなたのことを素敵な男性だと思っていますよ」というシグナルを送るということです。

ネットやSNSでよく目にする、「彼を落とす方法!」などといった恋愛テクニックは、この部分を扱っていることが多いと思います。

それらのテクニックが有効な場合はもちろんあるのですが、むずかしいのは相手の性格やお互いの状況によって、どのテクニックを使うのがベストなのかケースバイケースで変わってくるという点です。
「私はあなたのことを素敵な男性だと思っていますよ」というシグナルを急に出しすぎても引かれてしまうし、出さなすぎるとこちらの好意が伝わらず関係性が動きません。

その最適な分量は相手によるところがありますし、2人の関係性によっても違ってきます。

さらに大切なことは、そこには完全な正解もないということです。だから、試行錯誤が必要になってきます。その際、少しだけ計画性を持って試行錯誤をすることで成功率は上がっていきます。

私がおすすめするのは、「私はあなたのことを素敵な男性だと思っていますよ」というあなたなりのシグナルを、弱いものから、強いものまで、強度の違うものを3段階に分けてつくっておくことです。

例 気になる仕事先の彼への恋のシグナル

強度1
会った時に目を見て挨拶をする
会話中にリラックスして笑顔を増やす
積極的に感謝の言葉を伝える

強度2
相手をほめる
⇓いつもおしゃれですね、○○さんの仕事はいつもすばらしいです
相手の言動に喜びを伝える
⇓一緒に仕事ができてとてもうれしいです、○○さんの仕事ぶりを見て本当に勉強になりました
彼に興味を持って質問する
⇓趣味や仕事について質問する。ただし相手が聞かれて嫌がる素振りが見えたら

やめる

強度3

仕事終わりの食事に誘う

食事の場で一歩踏み込んで相手をほめる

⇓○○さんは素敵だから絶対モテると思います、○○さんは本当に素敵な男性だと思います

食事の場で感じたよい感情を伝える

⇓今日は○○さんとご飯をご一緒できてすごくうれしいです

これらはあくまでも一例ですが、こうした自分なりのシグナルを3段階に分けてつくっておき、気になる彼と心の距離が近づいてきたと感じ始めたら強度1から始めて、相手の反応を見ながら徐々に段階を上げていきます。

もし、強度を上げすぎてしまったと感じた時には、焦らずにゆっくりと強度を下げて立て直してください。

大切なのは、自分が今どの強度のシグナルを相手に向けて送っているのかを理解し、相手との距離感を見極めながら強度の調整をするということです。

シグナルの内容は適宜アップデートし、試行錯誤を繰り返しながら相手との関係性を特別なものにしていきましょう。

心のエクササイズ⑩

恋のシグナルをつくってみよう

質問

紹介した3つの強度のシグナルを参考にして、あなただけの恋のシグナルをつくってみましょう。

解説

好きな彼にアプローチすることに確実な正解はありません。だからこそ、私たちは、自分が何をすればいいのか不安になってしまうことがあります。恋が始まる仕組みを理解し、シグナルを事前に用意しておけば、好きな彼の前で何をすべきかが明確になり、恋の不安が和らぎます。

人は恋をすると相手を見上げてしまう

「彼に嫌われることが怖くて、本当の自分を表現できなくなってしまう」というお悩みも多くいただきます。

人は恋に落ちる時、多くの場合、相手の魅力的な部分に恋に落ちます。すると、心の中で、魅力的な彼を見上げるような感覚になることがあります。

彼を見上げるようになると、「彼は本当に私のことが好きなの?」といった不安を感じて、彼に嫌われることが怖いと感じることもあります。

また、「彼はすばらしく魅力的な人間」で、「私はそうではない」と感じてしまうこともあるかもしれません。

大好きな人に嫌われたくないと感じることは当然の感覚ではありますが、もしも彼から嫌われることに恐れを感じたり、自分をちっぽけな存在に感じたり、彼に嫌われないための言動を自分に強いてしまうことがあれば、それはとても苦しいことです。

そんな時は、「私は今、彼を見上げすぎているから恐れを感じているのかもしれない」と気づくことができるだけでも、心が少しラクになることがあります。

同時に、彼を見上げすぎている視点を変えてみましょう。

彼を下から見上げている自分をイメージして、その視点から、自分の意識をスーッと上に上に上げていくことを想像してみてください。

意識を高く、高く上げて、雲の上から彼と自分を見つめているようなイメージです。それは、まるで自分が女神様になって雲の上からやさしく彼を見つめているような感覚かもしれません。

それほど高く、遠くから彼を見つめてみると、今まで彼を見上げていた時に感じていた印象とはまったく別の感覚を覚えるかもしれません。

彼の魅力だけではなく、彼の弱さや苦しみに気がついたり、彼の寂しさを感じられたりもします。

すると、彼への愛情が自然と湧き上がってきて、女神様のように彼の幸せを祈ることができたりします。そんな視点に立つことができた時、私たちは自分の心を恐れではなく、穏やかな愛で満たすことができるのです。

彼を見上げすぎてしまうと

彼に嫌われないことが行動の基準になってしまうことがある。

女神様のような視点を持つと

彼の魅力だけではなく、彼の弱さや苦しみにも気づくことができるようになる。

心のエクササイズ⑪

女神様になって幸せを祈ってみる

質問

あなたが心理的に「見上げている」と感じる大切な人を一人思い浮かべてみてください。
あなたが女神様になって雲の上からその人を見つめているとしたら、彼（彼女）に何があればその人はもっと幸せになると思いますか？
心の中で、書き出したものがその人の元にやってくるように、その人の幸せを祈ってみてください。

例
- 見上げていると感じる大切な人
  彼
- 相手に何があればもっと幸せになるか
  心から安らげる時間

✦相手の幸せを祈る
いつも仕事で忙しい彼が、どうか少しでも心から安らげる時間を持つことができますように。

例
- 見上げていると感じる大切な人
  シングルマザーで子どもを育てている会社の上司
- 相手に何があればもっと幸せになるか
  一人じゃないという安心感

✦相手の幸せを祈る
仕事でも、プライベートでも、どうか上司にたくさんの手が差し伸べられて安心してお子さんと過ごす時間が持てますように。

解説

女神様になって相手の幸せを祈るというと、少し唐突な感じがするかもしれません。けれど、このエクササイズの目的は、女神様のように大きな愛を持っている自分になったつもりで、ふだんは見上げている人に愛の目をこちらから向けてみるという練習です。

それは、相手を見下したり、相手を小さく扱うこととは違います。

誰かを愛する時、誰かの幸せを祈る時、それは相手のすばらしさを感じると同時に、自分の心も相手を思う愛の気持ちで満たすということでもあります。

心のエクササイズ⑫

大切な人によい感情をプレゼントする

質問

心のエクササイズ⑪で書き出したあなたの大切な人に、現実のあなたとしてよい感情をプレゼントするとしたら、どんな感情をプレゼントしたいと思いますか？
その感情は、どのようにすればプレゼントできると思いますか？

例
- 大切な人
  彼
- プレゼントしてあげたい感情
  安らぎ

✦どのようにプレゼントしてあげられるか
ストレスの溜まる仕事でいつも気が張り詰めているから、お休みの日にマッサージをしながら、「いつも大変なお仕事、本当にお疲れさま。毎日がんばっていてすごいね」と伝える。

例
- 大切な人
  シングルマザーで子どもを育てている会社の上司
- プレゼントしてあげたい感情
  安心感

✦どのようにプレゼントしてあげられるか
一人でお子さんを育てながら、会社でも重要な仕事を任されて忙しく働いている上司。尊敬する上司の心の負担が少しでも軽くなるといいなと思うから、日頃の感謝を伝えるとともに、「私にできる仕事があればいつでも振ってください」と伝えたい。

解説

心のエクササイズ⑪では女神様となって大切な人の幸せを祈りました。今度はその視点の感覚を持ったまま等身大の自分に戻り、現実世界でどのようによい感情を相手にプレゼントすることができるかを考え、ぜひ実行に移してみてください。

現実の自分も女神様のように誰かを幸せにすることができるという感覚を掴んでいきましょう。

理想のパートナーを思い描くことは、恋の〝コンパス〟を手に入れること

ここまでは、感情に触れることの大切さをお伝えしながら、心理学を使って過去の痛みを癒やす方法や、今の自分の感情と向き合う方法についてお伝えしてきました。この項では、心理学を使って未来を想像することで今の感情を変えていく方法についてお話ししていきたいと思います。

私たちが旅に出る時、最適なルートを知るための地図が必要なように、恋の旅にも、進むべき道を教えてくれるコンパスが必要です。

あなただけのコンパスを手に入れるために、まずは、自分にとっての理想のパートナーとはいったいどんな人なのだろうかと、自分の心の奥に問いかけてみましょう。

具体的な方法としては、まず、あなたが考える理想のパートナーの条件を30個書

き出してみてください。

この時とても大切なのは、その希望が現実的かどうかは置いておいて、自分の理想を正直に書き出してみることです。

リストは誰に見せるものでもありませんので、まずは自分の心が最高に喜ぶ理想のパートナーの条件を書き出してみてください。

次に、書き出した30個の条件それぞれに、そんな相手と一緒にいると、どんな感情を感じることができるか書き出してみてください。同じ感情を何度も使用して構いません。

例 理想のパートナーの条件　一緒にいると感じる感情

- 浮気をしない　安心
- 彼から愛情表現をしてくれる　うれしい
- こまめに連絡をくれる　安心

- 一緒にキャンプに行ける　楽しい
- くだらないことで笑い合える　幸せ
- 料理好き　頼れる
- 私の話を聞いてくれる　安心
- お互いの人生を応援し合える　ワクワク

このエクササイズで重要なのは、あなたが理想のパートナーと一緒にいる時に感じる感情です。

もし、何度も登場する感情があれば、それがあなたが自分の人生で大切にしたい感情です。

30個の条件を書き出すことは、むずかしいと感じるかもしれません。けれど、たくさん書き出してみるほど、自分が本当に大切にしたい感情が浮かび上がってくることがあります。

実際のカウンセリングでは、「理想のパートナーの条件を100個書き出してみましょう」とお伝えすることもあります。すると、「自分が今まで選んできた彼はもしかしたら自分が本当に求めていたタイプとは少し違っていたのかな」と感じる方もいらっしゃいます。

そんな気づきが、あなたが運命の恋を始めるきっかけになるのかもしれません。

理想のパートナーの条件や、そこに付随する感情は変化していくものです。こちらのリストも定期的にアップデートをしながら、あなたの人生の頼れる地図にしてみてください。

心のエクササイズ⑬

最高の恋に触れる

質問

あなたが考える理想のパートナーの条件を30個書き出してみてください。

書き出した30個の条件それぞれに、そんな相手と一緒にいると、どんな感情を感じることができるか書き出してみてください。

解説

理想のパートナーを想像することのよい点は、「こんなパートナーができたらいいな」と想像してみるだけで心が少しワクワクして、今の自分の感情がよくなったりすることです。そうなると、活力が湧いてきて、思い描く未来に向けて行動する意欲が湧いてきます。

第3章

男性心理に触れてみる

男性心理を知っておくメリットとは？

本書の「はじめに」の項目でお話ししたように、恋愛でいちばん大切なことは「彼も私も大切にする」感覚を掴むことです。

セルフ・コンパッションの意識を持ち、自分に思いやりの目を向けるように、大好きな人にも思いやりの目を向け、大切に扱う感覚を掴むことができるようになると恋愛はうまくいきます。

その際に注意が必要なのは、男性と女性には考え方や感じ方が異なる傾向があるということです。

だからこそ、この章では女性が大好きな彼を大切にしたいと思う時に、その助けとなるような男性心理をお伝えしたいと思います。

男性は、どう扱ってもらえると大切にされていると感じるのか、どんな言葉を伝えてあげたらよい感情を感じやすいのかについて解説していきます。

男性心理に触れる時に陥りやすい心の罠は、彼を大切にすることが、自分が我慢や苦労を強いられるように感じられることです。けれど、「彼も私も大切」にする方法は必ずあります。

また、男性心理を学ぶことのもう一つのメリットは、自分の心が傷つく場面を減らすことができる点です。

彼の行動は私を愛していないからではなく、男性ならではの考え方、感じ方なのだと知っているだけで、心を守ってあげることができます。

男性心理に関する情報はたくさんありますが、ここだけは理解しておいたほうがよいという実践的なポイントに絞ってお伝えしていきます。

自分が
我慢をしすぎると…

彼の希望を優先しがちで、多少の無理をしてでも相手に寄り添ってしまい、少しずつ苦しくなってしまう。

彼が
我慢をしすぎると…

彼ではなく、自分を優先しすぎると、今度は逆のパターンになる。

彼も私も
大切にすると…

「彼も私も大切」にする方法を見つけていくことが、2人の関係性を幸せに保つ秘訣となる。

✦男性には「ヒーロー願望」と「負けの歴史」がある

すべての男性を一括《ひとくく》りにすることはできません。しかし、一つの傾向として伝えておきたい「男性心理」があります。

それは、男性の「ヒーロー願望」についてです。

マンガを例に解説するとわかりやすいかもしれません。少年マンガと少女マンガには、次のような違いがあります。

少年マンガの特徴

描かれることの多いストーリー：戦いや競争

隠れている心理：ヒーロー願望（強くなる、役に立つ、感謝される）

少女マンガの特徴

描かれることの多いストーリー：恋愛や人間関係

隠れている心理：ヒロイン願望（大好きな人から愛される、大切にされる）

少年マンガでは、修行を積んで強くなった主人公が悪い敵を懲らしめる、弱小チームに所属する主人公がメキメキと頭角を現しチームを優勝へと導く、といったヒーローのストーリーが多く描かれています。

男性を幸せな気持ちにするいちばんの近道は、「いかに男性をヒーローにしてあげるか」ということなのかもしれません。

「男性はほめられるのが好き」とか、「男性は『すごい！』と言われると喜ぶ」といった恋愛テクニックが時に有効なのは、それらの行動や言葉がけが、男性にとってヒーローになれたような気分がするからです。

一方で、このことは男性の心の成長のプロセスが、どこからか「負けの歴史」になることも意味しています。

多くの男性は小さな頃から、競争が大好きです。しかし、競争をするということは、いつか誰かに「負ける」ということでもありますよね。

たとえば、小学生の時はいちばんサッカーがうまかったのに、中学に入ったら自分よりもっとうまい人がいた。

中学生の時は学校でいちばん頭がよかったのに、高校に進学したら自分よりもっと頭のよい人がたくさんいた。

こんな時、男性は負けを感じます。ですが、これは男性の成長に必要な過程で、負けを経験することで少年時代の万能感が打ち砕かれ、そこからいわゆる「大人の男の歴史」が始まります。

自分はヒーローになれなかったという大きな悲しみに直面した男性が、それでも自分を愛してくれる存在に気づき、愛する人のため、誰かのためにもう一度立ち上がることができると成功しやすくなります。

だからこそ男性は、「周りがどんなに否定しても、私だけは応援するよ」と言ってくれる女性に魅力を感じ、離れられなくなるのです。

また、彼を本気で信じてあげられるというあなたの心の持ちようは、あなた自身を満たすことができるものです。

そんな気持ちでいられると、彼の浮き沈みにつられて自分の感情が上がったり下がったりすることも少なくなります。

心のエクササイズ⑭

彼は私のヒーロー

質問

あなたが好きな男性のよいところを10個書き出してみてください。機会があれば、実際に彼のよいところを伝えてあげてください。

例 彼のよいところ
- やさしいところ
- 大事な時に頼れるところ
- 誰に対しても態度が変わらないところ
- 料理が上手なところ
- センスがよいところ
- 正直な気持ちを伝えてくれるところ
- 自分の仕事に誇りと情熱を持って取り組んでいるところ
- 一緒にいると安心できるところ
- 私の話を聞いてくれるところ
- 時々、面白いところ

解説

ヒーロー願望を持つ男性にとって、大好きな女性からほめられることは何よりの喜びです。彼のこんなところが素敵、大好きと思う部分を整理しておくことで、いつでも彼をほめてあげられる準備が整います。
また、彼のよい部分を考えてみることは、彼をほめてよい気分にさせるだけではなく、自分の中の彼への愛を再認識し、温かく幸せな気持ちになることができる時間でもあります。

✦男性を喜ばせるもっとも簡単で確実な方法

男性をヒーローにしてあげるためにもっとも簡単で効果的な方法は、喜び上手になることです。


「夕食後に彼が食器を洗ってくれたことをすごく喜んだら、その日から毎日、夕食後の食器を洗ってくれるようになった」

「部屋の高いところの電球を替えてくれたので、『ありがとう、頼れるわー！』と言ったら、すごくうれしそうに、『ほかにも何かやることある？』と聞いてくれた」

「彼がデートの時に素敵なお店に連れて行ってくれたので、『こんな素敵なお店を知っているなんてすごい！』とほめたら、いろいろな素敵なお店に連れて行ってくれた」

「彼からメッセージの返信が少ないことに悩んでいたけれど、返してくれた時に『うれしい！』と喜びを伝えていたら、以前よりたくさん返信してくれるようになった」

男性にとって、大好きな女性に喜んでもらえることは、それほどうれしいことなのかもしれません。そして、喜び上手になるという方法は、もちろんおつき合いしている間柄だけではなく、気になる彼であっても有効です。

もし、あなたが気になる彼に何かしてもらったり、助けてもらったりする機会があれば、勇気を出して少し大きめに喜びを表現してみてください。

そして、彼をほめる時、彼がどんなリアクションをするのかを、よく見てあげてください。

たとえ、ほめられるのが苦手な彼にも、コツコツと彼の受け取りやすいほめ言葉から伝えていくことで、少しずつ「あなたは私にとってのヒーローなのだ」と教えてあげることができます。

もし気になる男性から「手伝おうか?」と言われたら、素直にお願いしてみることもおすすめです。

キャリアを積み、さまざまな経験をしてきた人であれば、ある程度自分で物事を処理できてしまいますから、「(自分でできるから) 大丈夫」と伝えることもあるかと思います。

彼からの提案が望んでいないことであれば、もちろん断っても構いませんが、「彼に悪いから」と思って遠慮する気持ちからであるならば、彼をヒーローにするつもりであえて受け取ってあげると、2人の仲を深めることにつながっていきます。


「それはしてもらわなくても大丈夫かな」と伝える場合は、

「大丈夫。でもいつもそんなふうに私のことを考えてくれてありがとね」

「そう言ってもらえるだけで安心できたよ」

などと、感謝とともに伝えるとよいでしょう。

✦男性の「察するのが苦手」問題をどうするか？

「男性は女性の気持ちを察することができない」という言葉を聞くことが多いのではないでしょうか。

実際に、私のカウンセリングでも、女性からそのようなご相談を受けることは数多くあります。

男性は情緒的なコミュニケーションよりも、論理的で直接的なコミュニケーションを得意とする傾向があり、言葉に出さない感情の駆け引きを苦手とすることがあります。

「男性は察するのが苦手」問題のベーシックな解決方法は、こちらの要望はきちんと彼に伝えましょうというものです。

その際に、「もっと私のことも考えてよ」といった抽象的な要望では、男性は何をしたら女性が「私のことを考えてくれている」と感じられるのかを察することができないので、「あなたがコーヒーを飲む時には、一緒に飲む？　と声をかけてほしい」といったように具体的に要望を伝えることが大切です。

しかし、残念ながら、それだけでは解決しないことがあります。

こちらの要望を伝えてみて、少しはやってくれるようになることもあるけれど、それ以上に彼が不機嫌になってしまったり、時には反撃の姿勢をとられることがあるからです。

女性の側からすれば、勇気を出して要望を伝えても、彼が責められたと感じて嫌な空気になってしまうので、何も言えなくなってしまう。そんな苦しいお悩みを私はカウンセリングで本当に多く耳にします。

このようなケースについて、私がカップルカウンセリング（男女お二人でのカウンセリング）でご提案している解決方法を紹介します。

男性には共通の「自信喪失ポイント」がある

カップルカウンセリングのお客様の9割以上が、女性が彼を誘って来てくださいます。

女性に誘われて来た男性は、少し居心地の悪そうな表情をしていることが多くあります。それは、「これから自分はひどく責められ、断罪されるのだ」と感じているからなのかもしれません。

そこで、私はカップルカウンセリングのはじめにこんなルールをご説明します。

「カップルカウンセリングは、男性、女性どちらが正しくて、どちらが間違っているというお話をする場ではありません。そして、カウンセラーがどちらかの味方に立って、もう一方を責めることはありません」

すると、男性は少しホッとしたような表情を浮かべて、カップルカウンセリングがスタートしていきます。

お伝えしたように、男性は「感情」というフィールドに苦手意識を持つ傾向があります。

ですから、感情の話をするということは、「きっと自分は間違っていると責められるに違いない」という先入観を持っていたりします。

さらに、男性にはヒーロー願望がありますので、女性が不満を感じているということは、「自分は大好きな女性を幸せにできていない」「自分はヒーローになれていない」と思い、自信を失ってしまうことがあるのです。

女性が不満を言う＝僕はヒーローになれない

カップルカウンセリングでは、男性が感じているこの誤解を次のように置き換えていきます。

女性の不満を聞くことができる＝僕は役に立てる

そのために2人がすれ違ってしまった問題に対してどんな感情を感じたのか、または感じているのかについて、お互いに話し、相手の感情を理解する練習をしていきます。

たとえば、カップルでこんなエクササイズをしていきます。

まず、椅子に座って向かい合い、両手をつなぎます。

次に、どちらか一方が2人の間の問題についてどんな気持ちを感じているのかを話します。

その間、もう一方は手をつないだまま、相手の目を見ながら話を聞きます。

この時、たとえば話し手が「○○と言われて悲しかった」と感情を伝えたら、聞き手側は「それは悲しくなるよね」と相手の感情をおうむ返しに口に出し、ただ受け止め続けます。

話がすべて終わったら、聞き手側は、ただ一言「気持ちを教えてくれてありがとう」と伝え、相手とハグをします。

次に、役割を交代して同じことを行います。

ただ相手に気持ちを伝え、ただ相手の話を聞いて受け止め、気持ちを話してくれたことにお礼を言って、ハグをする。そんなシンプルなエクササイズです。

こんな練習を繰り返していくと、男性は「女性の話を聞くということは、こういうことなのだ」という感覚が掴めるようになっていきます。

また、心に押し込めていた感情を理解してもらったことで女性の表情が柔らかくなっていくことを目の当たりにして、自分が女性の感情を理解するだけで、こんなにも相手の気持ちがラクになっていくのかということに気がつくのです。

すると、少しずつ、

女性が不満を言う＝僕はヒーローになれない

ではなくて、

女性の不満を聞くことができる=僕は役に立てる

ということが理論的にも、感覚的にも理解できるようになっていき、女性の不満を責められたと感じるのではなく、受け止められるようになっていくのです。

私は今でもこのエクササイズを妻と毎日のように行っています。

私の実体験においても、クライアントの皆さんの変化を見ても、とてもおすすめなエクササイズです。

このエクササイズは、第4章の内容にも深く関わっているので、後ほど、実例をご紹介しながら、カップルで行う際のポイントをお伝えします（194ページ参照）。

今のところは「へー、そんなことやるんだ」という程度で心に留めておいてください。

✦彼（男性）へは「愛」と「要求」をセットで伝える

彼とコミュニケーションをとる時に、どうしてもこちらの要求を伝えなくてはいけない場面もあるかと思います。

やさしい人であればあるほど、自分の要求を伝えることがむずかしいと感じたり、過去に要求を断られてショックを受けた経験があると、要求を伝えることが怖いと感じることもあるかもしれません。

けれど、我慢を続けているといずれは苦しくなり、ようやく伝える時には長く我慢した怒りや悲しみが込められた爆発的なエネルギーで伝えてしまうことがあります。

それは、彼にとっても、自分にとっても苦しいことです。

ここで大切なのは、彼に要求を伝えることが悪いわけではないということです。

なぜならば、要求を伝えるのは、彼ともっと仲よくなるために大事なファクターでもあるからです。

要求を彼に上手に伝えるには、シンプルなコツがあります。それは、「愛と要求をセットで伝える」という方法です。

たとえば、次のデートの予定をなかなか決めてくれない彼に対して、がっかりした気持ちを感じたとします。

しかし、彼の仕事の忙しさを考えて、あまりこちらから催促しても悪い気がしてしまうと、次のデートの話がしにくくなってしまいます。

ここで少しだけ、やさしく自分に寄り添ったり、自分の中の愛に触れてみましょう。

「彼の仕事が忙しいから遠慮しちゃうのは、彼のことを尊重してあげたいって思っているんだよね」

「デートの予定が決まらないと、こんなにがっかりするなんて、きっと彼のことが大好きなんだよね」

そんなやさしい言葉を自分にかけてあげるだけで、人の心は少し柔らかくなります。

その柔らかい愛の気持ちを表現しながら、彼への要求を伝えるとすると、こんな言葉になるかもしれません。


「いつもお仕事お疲れさま。大変なお仕事がんばってて、本当にすごいと思うよ。次のデートができそうな日程がわかったら教えてね。あなたのことが世界でいちばん大好きだよ」


彼への愛を伝えることに意識を向けてみると、こちらも要求が言いやすくなります。

そのようにして伝えた言葉は、結果的に彼の心にも響きやすく、お互いがよい気持ちで2人の関係性をよりよくしていくことができるのです。

カウンセリングの現場から

愛情表現をしてくれない彼が変わった話

小春さん（仮名）には、つき合って1年になる彼がいました。

彼はとてもシャイな性格で、気恥ずかしさから、あまり愛情表現をしてくれませんでした。

そして、小春さんは彼にもっと愛情表現をしてもらいたいと思いつつも、彼に伝えることができずにいました。

「彼はとてもやさしい人で、大切にしようとしてくれているのは感じられるので、これ以上要求したら、彼のことを否定するような気がして本音が言えないのです」

彼女は胸の内を私に包み隠さず話してくれたので、私はこんなご提案をしました。

「彼の気持ちを考えて自分の気持ちを伝えることに躊躇《ちゅうちょ》してしまうのは、小春さんに思いやりがある証拠です。しかし、自分の気持ちを我慢していることは長い目で見ると、ご自身を苦しめてしまうかもしれません。
彼への要求は言いにくいとは思うのですが、愛と要求をセットで伝えると、今よりもラクな気持ちで彼に気持ちを伝えられます。だから、要求とセットで伝える彼への愛を一緒に探してみませんか？」

すると、小春さんはやってみたいと仰ってくれたので、私たちは、ゆっくり時間をかけながら、彼に伝える愛の言葉を一緒に探していきました。
その中で彼女に、彼から愛情を表現してもらっていちばんうれしかったエピソードについて聞いたところ、次のように話してくれました。

「彼が私に告白してくれた時です。彼、すごく緊張していて、恥ずかしがり屋な人だから余計に緊張したのだと思うのですが、本当に一生懸命告白してくれて、それがとてもうれしかったんです」
それを聞いて私は
「すばらしいです。そのうれしかった気持ちをセットにして、彼にもっと愛情を表現してほしいという要求を伝えてみてもいいのかもしれません」
そうお伝えして、その日のカウンセリングは終了しました。

その後、小春さんは彼にこう伝えました。

「私ね、あなたが告白してくれた時に、『好きです』と真っ直ぐに言ってもらえたことが今でもうれしくて心に残っているんだよね。あなたのあの表情、すごく素敵だったよ。あなたに好きとか、愛していると言ってもらえたら、私それだけで本当に幸せ。だから、もっと言葉で伝えてもらえたらうれしいな」

すると、彼はうれしそうに「わかった」と彼女の要求を受け入れてくれたそうです。

次のカウンセリングの際に、彼女は笑顔でこんなご報告をしてくれました。

「あの話を彼にしてからしばらくして、彼が恥ずかしそうに『好きだよ』と言ってくれたんです。本当にうれしくてすごく喜んでいたら、それから彼が少しずつ愛情を表現してくれるようになってきました！」

✦要求が断られた時こそ愛とつながる

愛と要求をセットで伝える時に、あらかじめ想定しておきたいことが2つあります。それは、「彼に要求を断られる可能性がある」ということと、「要求は一度で通らなくてもいい」ということです。

まず、「彼に要求を断られる可能性がある」ことを想定しておきましょう。

繰り返しになりますが、要求を伝えることは決して悪いことではありません。けれど、残念ながら相手に断られてしまう可能性はあります。

あなたが相手に要求を伝える権利があるように、相手にもその要求を断る権利があります。彼があなたの要求に対してNOを言うということは、それが相手の要求でもあるということです。

そんな彼の要求に対して徹底抗戦の構えをとれば、結果としてお互いに歩み寄る機会は失われてしまいます。

誰しも、勇気を出してようやく伝えた要求を断られると心に大きなショックを感じるものだと思います。

だからこそ、自分の心を守るために、あらかじめ「断られたらショックを受けるかもしれない」と想定しておくことが大切です。それだけで、実際に断られた時に心が受けるショックは軽減されます。

カウンセリングでは、「要求を断られた時にどのような言葉を返すのか」というところまで想定することもあります。

たとえば、彼に要求を断られた時に、「気持ちを教えてくれてありがとね」と伝えるなどと決めておくと、落ち着いて対応ができます。

次に、「要求は一度で通らなくてもいい」と想定しておきましょう。たとえ一度、要求を拒否されてしまっても、別のタイミング、別の方法で伝えることで、こちらの要求が相手の心に届くことがあります。

最初から何度も伝える心づもりでいれば、要求が断られてしまった時にもラクな気持ちで受け止めることができるようになっていきます。


再びチャレンジしようと思えた時には、もう一度「愛を伝える」ことに意識を向けてみてください。

すると、2度目、3度目に要求を伝えた際に、相手の態度が軟化して要求が通る可能性が自然と高まっていきます。


誰かに要求を伝えることに、心理的に強い抵抗を覚えることもあると思います。要求を伝えようとしても、怖くて言うことができないこともあるでしょう。

たとえ伝えることができなかったとしても、まずはそんなチャレンジをしようとした自分をほめてあげてください。

復縁の成功率を上げるとっておきの方法

フラれてしまった彼やケンカ別れしてしまった彼と復縁したいというご相談をいただくことがあります。

おつき合いしている彼から突然、別れを切り出されることは、本当につらく、苦しいことです。また、別れ際にひどいケンカをしてお別れしてしまった場合も、相手に対する怒りや、わかり合えない悲しみ、傷つけてしまった罪悪感や、見捨てられてしまったような寂しさなど、多くの心の痛みを抱きます。

深い心のつながりを感じられる恋人との心の距離は、家族と同じくらい近いものです。

だからこそ、そんな彼が突然目の前からいなくなってしまうことは私たちの心に大きなショックと痛みを与えます。

心理学では、そのような心の痛みを「ハートブレイク」と呼びます。パートナーとの別れを経験する時、私たちは多かれ少なかれ、文字通り、心が粉々になってしまうようなハートブレイクを経験するのです。

そんな苦しいハートブレイクを経験してもなお、彼と復縁したいと願うこともあるかと思います。そんな時は、まず彼との間に感じているこの苦しい感情に寄り添い、癒やしていくことから始めましょう。

第1章でお伝えしたように、自分の心に寄り添ったり、自分を許したり、俯瞰してみたり、自分の中の彼への愛にもう一度触れる時間をとることが大切です。

その上で、男女がお別れしてしまう時の次のような心の仕組みを理解しておくことが、復縁の確率を上げてくれます。

大好きな人とのお別れというショックな出来事が起こると、人は混乱し、パニックを起こしてしまうことがあります。そして、パニックを起こしている心のまま、なんとか状況を以前の状態に戻したくなってしまうものです。彼にすがってしまったり、強引に彼の心を復縁の方向へ持っていきたくなったりします。

彼から突然の別れを切り出されると、人はそのような心境、行動をとりがちであるということをあらかじめ理解しておくと、いざという時に冷静に対処することができます。これが、復縁の確率を上げるための最初のポイントです。

もし、もうすでにそんな行動をとってしまいました……という場合でも、自分を責める必要はありません。人は誰でもショックな出来事があるとパニックを起こしてしまうものなのです。気づいたところから修正していこうと思うだけで十分です。

ここで、別れを告げる「彼の心理」にも触れておきたいと思います。

カウンセリングでは、別れを告げる側の話を聞くことも多々あります。私の経験では、そういった方たちは実際に別れを告げる数か月前、離婚においては半年以上も前から、相手との別れを考えて思い悩んでいることが多くあります。

それほどの期間、思い悩み、相手にどのように伝えようかと考え、やっとの思いで「別れたい」という言葉を相手に伝えるのです。

しかし、思い悩みながらも伝えたその言葉を受け止めてもらえず、無理にひっくり返そうとされると、相手への不信感を高める結果になってしまうことがあります。


「結局、僕の話を聞いてくれない……」

「また君に合わせなければいけないのか……」


そんなネガティブな感情が高まり、より心が離れていってしまうことがあります。


では、具体的にはどうすれば復縁の確率を上げることができるのでしょうか。

まず、彼から別れを告げられた場合、彼の気持ちを聞いた上で、一度くらいは「私はあなたのことが好きだからこれからも一緒にいたい」と素直に気持ちを伝えてもいいと思います。

実際に、そのように素直な気持ちを伝えることで別れを回避できることもあります。

それでも彼の気持ちが変わらないようであれば、一度引いたほうが、のちの復縁の確率は高まります。


「あなたにそれほど別れたいと言わせてしまうなんて、たくさん我慢させちゃったよね」

「私のこと幸せにしようとしてくれていたのに、私が気づいてあげられなかったよね」


このように、苦しみながらも別れを切り出した彼の気持ちに耳を傾け、尊重する姿勢を見せるだけで、彼の心が緩むこともあります。

ここでいちばん重要なポイントは、彼の気持ちを尊重し理解すると同時に、そのことで自分を責めないということです。

彼の気持ちを聞くということは、あなたについての不満を耳にすることかもしれません。それはとても苦しく、心に痛みを感じることですし、罪悪感で自分を責めてしまうこともあるでしょう。

それとは逆に、彼を責めたくなる気持ちが湧いてくることもあるかもしれません。

しかし、彼との復縁を望むのであれば、ここで自分を責めたり、彼にあなたを慰めさせたり、彼を責めるのではなく、彼の話を聞き、理解することに意識をできるだけ向けてみてください。

とてもむずかしいことですが、いちばんの正念場です。

あなたが自分の気持ちを理解してくれたと彼が思うことができれば、彼の心は自然と緩んでいきます。

たとえ、その場で別れるという結末に変わりがなかったとしても、彼の心に残るその小さな緩みが、のちの復縁の確率を高めてくれるのです。

彼の気持ちを取り戻す、最後の一手

復縁を望む際も、彼とお別れした後は、３か月から半年の時間をおくことをおすすめします。

その間に、まずはあなたの傷ついた心を回復することに時間をとりましょう。

彼に別れを告げられた時に、傷ついたこと、言いたかったこと、彼を責めたかったことや、自分を責めてしまったこと、それらを癒やして、整えていくことが大切です。

また、改めて彼との時間を振り返り、彼からの愛に気づいたり、彼への思いに気づく時間をとったりすることも大事です。

彼が不満に感じていたことをどのように改善できるかを考えてみることも意味があります。

心理学の世界では、「間違いは訂正すればいい」という言葉があります。

彼に対してよくなかったと思う言動は、真摯に受け止めつつも、そのことで自分を責めすぎるのではなく、ただ訂正しようとする姿勢でいましょう。

自分を大切にして、彼との時間を振り返る時間をとってから、彼にもう一度連絡をとってみてもいいかもしれません。

彼の気持ちが変わっていない可能性も、もちろんありますが、彼の中に別れの際にあなたが気持ちを理解してくれたというよい印象が残っていれば、もう一度あなたと向き合ってみたいと望んでくれることもあります。

彼に久しぶりに連絡をとる時には、できるだけよい感情を感じさせてあげることを意識してみてください。

たとえば、「ありがとう」で幸せになった紗良さんの話（116ページ参照）で紹介したように、彼への感謝の気持ちを添えてメッセージを送ってみてもいいですし、彼の誕生日にお祝いのメッセージを送ってみたりすることもいいと思います。

最後の復縁のポイントは、久しぶりに会う時に、彼にあなたが前とはちょっと変わったなと思ってもらえるかどうかです。

彼と離れている期間に自分の心を癒やし、整え、成長した姿を見せることができれば、復縁は一気に成功へと近づきます。

紗良さんのケースでは、めでたく復縁することができましたが、残念ながら復縁することができないケースももちろん存在します。

でも、たとえ復縁が叶わなかったとしても、紗良さんのように、一つの恋を「ケンカ別れしてしまった」という痛みではなく、「私は彼から愛されていた」という温かなイメージに書き換えることには、とても大きな意味があります。

なぜならば、それは過去の自分を肯定する行為でもあるからです。

「別れてしまうことになったけれども、私は彼に愛されて、心からの恋をした」

このように感じることができるだけで、過去をよいものとして受け止めることができるようになり、新しい恋によりスムーズに進んでいけます。

こういった考え方は、復縁に限らず、片思いが実らなかったという恋にも応用ができます。

たとえ彼とおつき合いすることは叶わなかったとしても、彼を一途に思った自分の恋を承認し、「恋すること」をよい経験として自分の中に残すことができます。

そしてその経験は、あなたを新しい恋に進みやすくさせてくれるのです。

第4章

大切な人と永遠に愛し合う方法

✦「愛されている」と感じるポイントは人それぞれ

愛する彼と長く続く幸せなパートナーシップを築くということは、２人で一緒に一本の木を育てていくようなことなのかもしれません。

水と栄養と光を正しく与え、ていねいに扱い育てていけば、その木は何年、何十年単位で幹や枝を伸ばし、鮮やかな葉を増やし、生長していきます。

それは、手間と継続が必要なことです。

同じように、もしあなたが大切な人と永遠に愛し合いたいと思うのであれば、２人の関係に適切な栄養を与え、ていねいに扱って育てていく必要があります。

大変なことだと感じるかもしれませんが、やり方さえ掴めば、日々のほんの少しの習慣で得られる幸せは大きく変わってきます。

つき合い始めの頃に感じるロマンスはすばらしいものですが、２人で大切に育てた絆がもたらしてくれるロマンスは何ものにも代えがたい幸せです。
この章では、そのような幸せを手に入れる方法を紹介します。

それまで別々の道を歩んできた2人が出会い、恋に落ち、手を取り合って、残りの人生を一緒に歩んでいくには、コミュニケーションが必要不可欠です。好きなことや嫌いなこと、大切にしたいもの、相手に求めるもの、習慣や、進みたい未来など。私たちは、それら一つひとつをていねいにパートナーと分かち合い、理解し合っていく必要があります。

当然のことのように思うかもしれませんが、ここで大切なポイントは、カップルの間に会話さえあれば正しいコミュニケーションができているわけではないということです。

2人の心が通じ合う時、あなたとパートナーの心には美しい虹の橋がかかります。虹の橋をかけるために理解しておいてほしいことが、一つあります。それは、恋愛におけるコミュニケーションは「キャッチボール」であるということ。

人にはそれぞれ、「こうしてもらったら愛されている」と感じる心のストライクゾーンがあります。ストライクゾーンは人によってさまざまです。たとえば、次のようなものがあります。

「大好きだよ」「愛しているよ」と言葉で伝えてもらえると愛されていると感じる。

頻繁に連絡をくれると愛されていると感じる。

さりげない気遣いをしてもらえたら愛を感じる。

カウンセリングをしていると、このストライクゾーンが人によって違うということがわかります。

だからこそ、恋をする時、私たちは相手のストライクゾーンに向けてお互いにボールを投げてキャッチボールをしている、そんなふうに考えてみてもいいのかもしれません。

上手にキャッチボールを続けるには、相手のストライクゾーンを知ること、そして自分のストライクゾーンを相手に教えてあげることが大切です。

相手のストライクゾーンを理解する時に重要なのは、「わかったつもりにならない」ことです。

人はついつい、自分がしてもらってうれしい方法で、相手を愛そうとする傾向があります。

たとえば、悩みを抱えている時に、自分のつらい気持ちにただ寄り添ってほしいと感じる人は、誰かが悩んでいる時にも、じっくりと話を聞いてあげたいと思い、逆にすぐに実践できる的確なアドバイスがほしいと思う人は、人にもそうしてあげようと思うことが多いのです。

せっかく愛を送りたいという気持ちがあっても、それが相手のストライクゾーンから外れてしまっていれば、せっかくの気持ちも相手には届かないかもしれません。

また、人の好みは日々変化していくもので、お互いに相手の変化を注意深く見てあげることが必要になる時もあります。

相手を見て、相手の言葉を聞いて、相手のストライクゾーンへボールを投げる。

「こうしてもらったら愛されている」と感じる心のストライクゾーンは人によってそれぞれ。少し外れた球が飛んできても、それが彼の愛し方だと思ってキャッチすることができたら、幸せは広がっていく。

そんな意識を持つことができると、あなたの愛を、相手の心にしっかりと届けられるようになっていきます。

一方で、自分のストライクゾーンを相手に教えてあげるためには、今までの章でもお伝えした「喜び上手になる」ことが有効です。

自分の心のストライクゾーンに相手がボールを投げてくれたならば、「うれしい！」としっかり伝えてあげることで、相手もあなたのストライクゾーンを再確認することができます。

また、もう一歩踏み込んで、自分のス

トライクゾーンを広げていくこともできます。

たとえ彼が投げたボールが少々外れたところに飛んできたとしても、それも彼の愛し方で、素敵だなと思うことができれば、手を伸ばしてボールを取ってあげてもいいかもしれません。

自分の中にはなかった彼の愛し方をキャッチすることができるようになれば、結果的にあなたが受け取る愛も増えていきます。

彼のストライクゾーンはどこだろう、私のストライクゾーンはどこだろう。

そのように考えながら、キャッチボールをするような感覚でコミュニケーションを楽しんでみてください。

心のエクササイズ⑮

自分のストライクゾーンを知る

質問

あなたは今までの人生で、どんな時に愛されたと感じましたか？　どんな時にうれしかったですか？
具体的なエピソードを3つ書き出してみてください。

例 仕事で失敗して落ち込んでいた時、彼が温かいハーブティーを淹れてくれて、隣に座って長い間何も言わずに肩を抱きしめ続けてくれた時、愛されていると感じた。

例 小学生の頃、夜中に怖い夢を見て母親に泣きついたら、母の布団に入れてくれて、私が眠るまでやさしくトントンしながら歌を歌ってくれたことがうれしかった。

解説

自分のストライクゾーンを知るためには、具体的に紙に書き出してみることが大切です。そして、パートナーがいる人はその紙を一緒につくって見せ合ってください。それが本当のコミュニケーションの始まりです。ストライクゾーンは変化していきますので、半年に一度や一年に一度のペースで更新してみると新しい気づきがあるかもしれません。

✦「正しさ」よりも大切にしたいこと

パートナーとコミュニケーションを重ねていくと、2人の間に考え方の違いや対立が生まれてしまうことがあります。

2つの違う意見を擂《す》り合わせようとすれば、時に対立関係が生まれてしまうのは仕方のないことかもしれません。

そんな時、私たちはついつい「どちらが正しくて、どちらが間違っているか」という視点で物事を捉え、相手がどれだけ間違っているのかを指摘したくなってしまうものです。

これを、心理学では「パワーストラグル（主導権争い）」と表現します。

パワーストラグルの渦中では、ケンカが増えることや、相手にイライラとした感情を感じることが多くあります。

相手を打ち負かせば、相手は責められたと感じて心を閉ざし、それとは逆に、こちらが追い込まれ、我慢する側に回れば、今度はこちら側の心が閉じてしまい、2人の心にかけられていた虹の橋は脆《もろ》くも消え去ってしまいます。

このような、息苦しいパワーストラグルに自分たちが巻き込まれてしまっていると感じる時には、「パートナーシップはチーム戦である」ということに気がつくことが、この迷宮から脱出するための鍵となります。

2人でこの迷宮から脱出して、幸せになるというゴールを目指すのであれば、パートナーは敵ではなく、味方なのです。

向かい合って相手と戦うのではなく、肩を並べて2人の幸せな未来のためには何が本当の勝利なのかを見抜く必要があります。

それは言葉で言うほど、簡単なことではないかもしれません。

2人の間に現れるさまざまな意見の相違について、正しさよりも、お互いの幸せを選ぼうとする意欲を持ってみてください。

2人の間に問題が浮かび上がった時、大切なのはどちらが正しいかを決めることではなく、ただお互いの感情を理解することです。お互いが感じている感情を分かち合い、相手の話に耳を傾け、一緒に感じてみることで問題が解決することがあります。

次に紹介するエピソードは、ある1組のカップルが感情を分かち合うことで幸せを手にしたお話です。

カウンセリングの現場から

結婚をはぐらかす彼との幸せを手に入れた話

ある時、私のカウンセリングに1組のカップルが来ました。2人は共に30代で、女性は明るくて社交的なタイプの詩織さん(仮名)、男性は穏やかで責任感が強いタイプの康平さん(仮名)。共通の友人の紹介で知り合い、交際半年になるカップルでした。

ある時、2人はたまたま話していた話題がきっかけで、将来の話になりました。

詩織さんは彼と結婚をしたいと思っていたけれど、その時の康平さんは、将来の話に対してあまり積極的ではありませんでした。

それ以降、2人の関係性は次第にギクシャクしてしまい、結婚に対して答えが出ないまま1か月が過ぎていきました。

お互い相手を好きな気持ちはあるけれど、この問題をどうしていいのかがわからない、そんな悩みを抱えて、2人でカウンセリングに来たのでした。

私はまず、詩織さんに「この1か月間、どんな感情を感じていましたか?」と聞きました。

「私は彼のことが好きで、彼と結婚したいと思っていたのですが、もしかしたら彼はそう思っていないのかなと考えると不安でした」

次に康平さんに「詩織さんの話を聞いて、どんな気持ちがしますか？」とたずねました。

「申し訳ない気持ちがします」と彼は苦しそうな表情でそう言いました。

私は、2人に素直な気持ちを話してくれたお礼を伝えた後で、こんな提案をしました。

「心理学の世界では、男女関係において問題が生じた時、どちらが正しいか、どちらが間違っているかという話の前に、お互いの感情を理解することができると問題は解決しやすいと言われています。

今日はまず、この1か月間、詩織さんが感じていた感情を康平さんが一緒に感じてみる、そんなセッションから始めていきませんか」

そして、2人に、両手をつないで向き合って座ってもらい、私はこんなお願いをしました。

「今から音楽を1曲かけます。その間、詩織さんは、彼に向かって、この1か月間感じていた不安や悲しみといったすべての気持ちを伝えてください。そして、康平さんは、詩織さんの感情をすべて受け止める、一緒に感じてみると思ってください。

たとえば、詩織さんが『不安だった』と言ったら、康平さんは『そうだよね、それは不安になるよね』と言って、言葉にして一緒に感じてみてください」

そう伝えると、2人は小さく頷《うなず》きました。音楽が流れると、2人は手をつないで、詩織さんは少しずつ話し始めました。

「あなたが私と結婚したくないのかなって思うと、不安だった」
「そうだよね、それは不安になるよね」
「あなたにとって、私は大切な存在ではないのかなと思うと、悲しかった」
「そうだよね、それは悲しくなるよね」

そこまで話すと、詩織さんは何も話さなくなりました。音楽だけが流れ続けて、重苦しい雰囲気になり、1分が経って、2分が経って、彼女は再び話し始めました。

「私、本当はあなたに腹が立っていた」
「そうだよね、腹立つよね」
「でも、あなたに腹を立てている自分も嫌だった」
「うん」

「やっぱりあなたのことが好きだから、前みたいに仲よくしたい」

「うん」


音楽が終わって、私は康平さんに「今、どんな感情を感じていますか?」と聞きました。

2人はまだ手をつないだままで、康平さんは詩織さんの目を見ながら言いました。

「僕は彼女の気持ちをわかってなかったように思います」と。

「今、感じているその感情を感じながら、彼女をハグしてください」と私が言うと、康平さんは心を込めて、やさしく詩織さんを抱きしめました。


セッションが終わった後、私は詩織さんに「今、どんな感情を感じていますか?」と聞きました。

「彼が気持ちを受け止めてくれたから、自分の気持ちを全部、言えた気がします。最後にハグしてもらえて、安心できました」

と彼女は穏やかな笑顔で答えてくれました。


次に、康平さんに「この1か月間、どんな感情を感じていましたか?」と聞くと、彼はこんな気持ちを話しました。

「彼女との雰囲気が悪くて、どうしていいのか、わからない感じがしていました」

「そうだったんですね。なぜ、結婚したくないのですか？」

「結婚したくないわけじゃないんです。彼女のこともすごく好きだし。ただ……」

「ただ？」

「言いにくい話ですが、僕は自分で仕事をしていて、去年まで売り上げは悪くなかったのですが最近になって、あまり調子がよくなくて。今の状態の僕は彼女を幸せにできないんじゃないかなと思っていました。恥ずかしい話なのですが……」

「言いにくいことを教えていただきありがとうございます。詩織さん、彼の話を聞いて、どんな気持ちがしますか？」

と私が聞くと、詩織さんは、

「彼が仕事のことで悩んでいたなんて今、初めて知りました。なんで言ってくれなかったのかな？　と思います」と言いました。

「康平さん、どうして詩織さんに言えなかったと思いますか？」

「彼女を心配させたくないと思っていました。あと、こんな自分だと、がっかりさせちゃうと思って」

と、康平さんは胸の内を明かしました。

私は再び、2人に両手をつないで向き合って座ってもらい、こんなお願いをしました。

「今度は、康平さんが詩織さんに一言だけ、『仕事がうまくいっていないと言いにくかった』と伝えてみてください。そう言われたら、詩織さんは『そうだよね、言いにくかったよね』と言って彼をハグしてください」


2人は小さく頷きました。そして、康平さんは少し苦しそうな表情をしながら、詩織さんに言いました。

「すごく恥ずかしいんだけど、仕事がうまくいっていないと言いにくかった」

「そうだよね、言いにくかったんだよね」と言って、詩織さんは彼をやさしく抱きしめました。


その後、私は「康平さん、今、どんな感情を感じていますか?」と聞くと、彼は少しスッキリした表情でこう言いました。

「すごく言いにくかったんですが、話してよかったなと思います。少し心がラクになった感覚がします」


次に私は詩織さんに「今、どんな感情を感じていますか?」と聞くと、

「もしかすると、私は、彼が悩みを話しやすい雰囲気をつくってあげられていなかったのか

もしれないと思いました。今日みたいな会話がたくさんできたら、もっと仲よくなれる感じがしました」

と言いながら、彼女はやさしい笑顔で彼のことを見つめていました。

その後も2人は、月に1回のペースでカウンセリングに来て、同じようにお互いの感情を共有して、一緒に感じるという練習をたくさんしていきました。

すると、2人は少しずつ昔のように仲のよい関係を取り戻し、彼の仕事もうまくいき始め、4か月後には、結婚が決まったのです。

心のエクササイズ⑯

感情を分かち合う

感情を分かち合うことは、パートナーシップにおいてとても大切なことです。同時に、それは繊細なことでもあります。自分が話したことを否定されたと思うと、人はどんどん自分の感情を話せなくなってしまいます。だからこそ、感情を分かち合う時にいちばん大事なことは、「この場が安心・安全である」とお互いが感じられる環境をつくることです。そのために、このエクササイズを行うためのルールが存在します。

感情の分かち合いのエクササイズを行う時は、必ず2人でルールを確認してから始めるようにしてください。

エクササイズを安全に行うための3つのルール

ルール1

「このエクササイズの目的は2人が幸せになるために行っている」ということを意識しましょう。

ルール2

相手を批判するのではなく、自分が感じた感情を伝えることに意識を向けましょう。たとえば、「あなたのあの発言は間違っていると思う」と相手を批判したい気持ちがある時も、「あなたに○○と言われて悲しかった」と自分の感情を伝える意識を持ってみてください。

ルール3

相手の話を聞く時は、相手の気持ちを理解することに意識を向けましょう。

相手のネガティブな感情を聞くと、責められているように感じたり、罪悪感を抱くことがあります。このエクササイズの間は、一度それらの感情を横に置いて、相手の気持ちを一緒に感じることを意識してください。

ステップ1

2人で向かい合って座り、両手をつなぎます。そして、相手の目を見ながら、一方が今日の出来事と感じた感情を1分間話します。
聞き手側は相手の感情をおうむ返しに口にし、受け止めます。

例 A:「今日食べたランチがおいしくてうれしかった」
B:「それはうれしいよね」

例 A:「今日は会社でトラブルがあって疲れた」
B:「それは疲れるよね」

1分経ったら、聞き手側は、ただ一言「気持ちを教えてくれてありがとう」と伝え相手とハグをし、役割を交代して同様にエクササイズを行います。

ステップ 2

もう少し深い感情の分かち合いの練習をしてみましょう。ステップ1と同じように、両手をつなぎ、相手の目を見ながら1分間ずつ今の気持ちを話します。もしネガティブな感情を感じている場合には、そのことについても分かち合うチャレンジをしてみましょう。
この時も、聞き手側は相手の感情をおうむ返しに口にし、ただ受け止め続けます。

例 A:「あなたに気持ちをわかってもらえて、安心できた」
B:「それは安心するよね」

例 A:「2人の将来を考えて、今不安な気持ちを感じている」
B:「それは不安な気持ちになるよね」

1分経ったら、聞き手側は、ただ一言「気持ちを教えてくれてありがとう」と伝え相手とハグをし、役割を交代して同様にエクササイズを行います。

解説

まずは、ステップ1を時間をかけてじっくり行ってみてください。1日1回までのペースで、1～3か月ほどかけて、感情を分かち合うことに慣れる時間をとりましょう。感情の分かち合いに十分に慣れてきたと感じられたら、ステップ2に進んでいきます。

ステップ2に進んだからといって、無理にネガティブな感情を伝える必要はなく、ただ感じている感情を分かち合っていきましょう。


実際にこのエクササイズを行ってみると、最初は恥ずかしさが込み上げてきて、笑ってしまうこともあるかと思います。それは、本当の感情を話すことへの心理的な抵抗感の表れの一つで、何も悪いことではありません。私たちは、それほど感情を分かち合うことに慣れていないのです。しかし、このエクササイズは、私の実体験でもクライアント様の変化を見ても、とても効果があるものですので、ぜひチャレンジしてみてください。

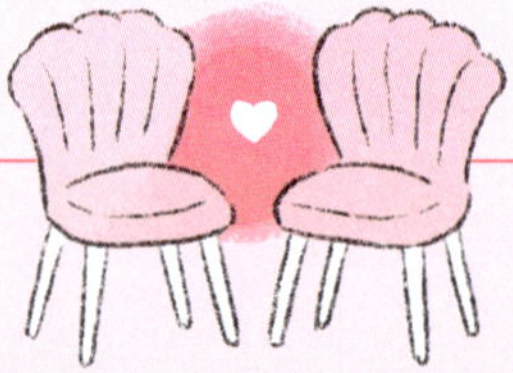

彼がエクササイズに協力的ではない場合

2人でエクササイズをすることに、彼が抵抗を示す場合もあるかもしれません。そのような場合は、日常で軽い感情の分かち合いをすることから始めていきましょう。

たとえば、彼が「これおいしいね」「これ苦手なんだ」と感情を表現した時に、「あなたの気持ちを教えてくれてありがとう」「あなたの気持ちを聞けてうれしい」といった表現をしていくと、男性は自分の感情を表現することに慣れていきます。

また、彼が女性の気持ちを聞いてくれた時には、「私の話を聞いてくれてありがとう」「あなたに気持ちを聞いてもらえるとラクになるんだ」というように伝えることも効果的です。

✦感情のリーダーシップをとる

パートナーシップはチーム戦です。よいチームをつくり上げていくためには1本の木を育てるように少しだけ手間をかけることが大切という話をこれまでにお伝えしてきました。

適切なコミュニケーションをとること、お互いに気持ちを理解し合うこと、そして大切なことがもう一つあります。

それは、主体的に「感情のリーダーシップ」をとることです。

感情のリーダーシップをとるということは、相手に感謝を伝えたり、相手の感情に寄り添ったり、感情の分かち合いやコミュニケーションの誘いかけを主体的に行うことで、よい感情を2人の間に循環させるリーダーシップをとることです。

たとえばそれは、天気のいい日に彼を誘って散歩に出かけて、「いい天気だね」「幸せだな」「一緒にお散歩に来てくれてありがとう」と2人にとって心地よい時間をつくる誘いかけを行うことであったりします。

2人が仲よくなるために、相手から誘いかけをしてほしいと思うこともあると思います。そう感じることは当たり前のことですが、余裕がある時には、2人でよいチームをつくるために「私がリーダーシップをとってみよう」と行動することが大切です。

それは、少しだけ勇気のいる行為なのかもしれません。けれど、そうした小さな積み重ねは2人にとって大きな幸せを運んできてくれます。

さらに2人の幸せのリーダーシップをとることができると、私たちはそんな自分のことを少しだけ好きになれたり、自信を持つことができるようになったりもします。

そうした感情のリーダーシップは恋愛だけではなく、私たちの日常生活でも大切なことです。

心理学では、「感情のリーダーシップをとることができるようになると、抵抗しがたい魅力を手に入れることができる」という言葉があります。

もし、あなたが職場などで「よい感情で周囲を満たす美しい小川の源泉」となることができたならば、その魅力に多くの人が自然と惹きつけられ、愛される人になるということです。

また、その結果、以前より自信を持って仕事をすることができるかもしれません。

感情のリーダーシップをとれるようになるためには、得意分野から始めていくことがおすすめです。

寄り添うのが得意な人は、人に寄り添うことから。
ほめるのが得意な人は、人をほめることから。
喜び上手な人は、誰かの善意に気づいて喜ぶことから。

自分の得意分野から感情のリーダーシップをとることに意識を向けてみてください。

余裕ができてきたら、今まであまりしてこなかった感情のリーダーシップにもチャレンジしてみてください。

それは、たとえば誰かに「ありがとう」という気持ちを心を込めて伝える、大切な人に「愛している」と伝えることかもしれません。

あなたは、日常で、どんな感情のリーダーシップをとっていきたいと思いますか？

パートナーシップとは自己嫌悪を愛し合うこと

私たち人間は、思春期の頃に少年少女から大人の男性、女性へと成長していく際にさまざまな変化を経験します。

精通や生理が始まったり、体つきが変化していくだけではなく、心の中では次第に性が芽生えたり、お互いに男女の違いを強く意識するようになっていきます。

私たちは思春期の時期に、自分の心と体に得体の知れない変化が起きることに大きく戸惑うことになるのです。

そのような急激な変化の中で、私たちの心の中には「自己嫌悪」という概念が大きくなっていきます。

体が大人へと変化していく、心の中に恋愛や性的なものに対する興味が湧いてくる、そういったことに対して強烈な恥ずかしさを感じたり、自分の性を汚いもののように感じたりしてしまうこともあるのです。

そのように抱えた自分の性に対する自己嫌悪を、私たちは恋愛を通して、お互いの自己嫌悪を愛し、愛されることで乗り越えることができるようになっていきます。

心理学的にパートナーシップとは、お互いの自己嫌悪を愛し合うことで、深い安心感を得ることができると考えられています。

パートナーシップを結ぶということは、そういった意味で深い心の安定をもたらしてくれるものですが、つき合いが長くなっていくと自然と家族という意識が強くなり、お互いを男性、女性として意識する感覚が薄れていく傾向にあります。

男女の感覚が薄れていくと、私たちは再び自分の性に対する自信を失い、自己嫌悪を感じてしまうことがあります。

自分は男性として、女性として、魅力的なのだろうか？

パートナーに自分のすべてを愛されているのだろうか？

そんな不安を感じてしまうこともあるかもしれません。

だからこそ、長くよいパートナーシップを築くためには意識的にお互いの男性的な、女性的な部分を愛し合うことが大切になってきます。

それは、性的なつながりを持つことだけではありません。2人でおしゃれをしてデートを楽しみ、月に一度お互いの男性としてのすばらしい部分、女性としてのすばらしい部分を書き出し、伝え合ってハグをするといったことでも構いません。

お互いに、パートナーが男性であること、女性であることを意識する時間を積極的にとることで､長くロマンスの時間を保ち､自己嫌悪を超えた成熟したパートナーシップを築いていくことができるのです。

✦どんなに傷ついても幸せになれる

本書で私がお伝えしてきた話は、一般的な恋愛指南書の内容とは少し違っていたかもしれません。

シンプルな恋愛テクニックだけを知りたいという方は、本書を手に取らないかもしれないし、ここまで読み進めていただくこともなかったかもしれません。

私がお伝えしたかったことの多くは、素敵な恋をするために過去の心の痛みを癒やすことや大切な人と心からつながる方法についてです。

本書に興味を持って読んでくださったあなたは、もしかすると、今までの人生で心に痛みを感じることや生きづらさや繊細さを抱えて生きてきたのかもしれません。

心理学ではこんな言葉があります。

「痛みはやさしさに変わる」

過去に心を痛めた経験も時が経ち、傷が癒やされるとその痛みをやさしさに変えることができるという意味です。

私のクライアントの中にも、痛みをやさしさに変えていった方が大勢います。

親子関係で苦しみ、たくさんの痛みを抱えてきたからこそ、誰よりも温かい家庭をつくりたいと願い、彼との関係性やつながりを人一倍大切にして幸せな結婚をした女性。

言葉にできない不安から、いつも心の中に怒りを感じていたけれど、少しずつ自分の心にやさしく寄り添えるようになったことで心が安定するようになり、落ち着いた心で彼に対して誰よりもやさしく接することができるようになり、よい関係性を築くことができた女性。

離婚で心に傷を負い、自信を失っていたけれど、家族や友人からのサポートを受けて自分に向けられるたくさんの愛に気づき、新しい恋を始めて自分が愛されたように彼をやさしく愛せるようになった女性。

このような美しい変化は年齢に関係なく、いつからでも誰にでも起こすことができます。

もし、あなたが本書で学んだことを実践しようとすると、恥ずかしさや抵抗を感じることもあるかもしれません。

実際に感謝を伝えたり、人をほめてあげることはなかなかむずかしかったりもします。

あなたがそう感じる理由は、心を込めて伝えようとしている証拠です。

いきなり、大きなステップを踏む必要はありません。

小さすぎると感じるようなステップでも、新しい自分になるためのチャレンジをしようとしている自分をほめてあげてください。

そして、本書に書かれているエクササイズを、ぜひ一度だけではなく、何度もしていただけたらうれしいです。

自分の心に寄り添い、自分を責める気持ちを緩め、自分の中の愛に触れ、あるものに目を向け、大切な人を思いやり、大切な人と感情を分かち合う。

それらを、何度も、何度も繰り返していただきたいのです。

簡単なエクササイズであったとしても日々続けていくことは大変ですし、忘れてしまうこともあるでしょう。たとえ、忘れてしまう日があっても、焦らずに思い出した日からまた再開してみてください。

そんな日々の小さな積み重ねが、やがて大きな変化を生み出すことがあります。

焦らず、気負わず、でも気長に、コツコツと続けてみてください。

あなたの努力は、きっと美しい花を咲かせます。

どんな過去があっても、いつからでも、人は幸せになれるのです。

おわりに

「共鳴」を起こすことで、絆ができる

最後に、少し私の話をさせてください。

私は20代の半ば頃から、よくお酒を飲むようになりました。お酒を飲んでいる時だけは、仕事の忙しさやプレッシャーから解放された気分がしていたのです。30歳になる頃には病院で「アルコール依存症」と診断され、通院しながら飲酒をやめるための生活が始まりました。

しかし、数日間は我慢することができても、結局また飲んでしまいます。そんな自分を激しく責め続けていました。

自分自身に対してうんざりとした気持ちを抱え、生きていくことがつらいとすら思っていました。

そのような出口の見えない苦しい時期に、カウンセリングと心理学に出合いました。「神戸メンタルサービス」にて、代表・平準司氏の下で心理学を学び、多くのワークショップに参加し、カウンセリングを受けながら心を癒やす時間を過ごしました。

私はそれまでの人生で、自分の苦しみを誰かに話すことはありませんでした。なぜなら、誰かに自分の苦しみを相談したところで、「それは弱いあなたが悪い」と責められるような気がしていたからです。

しかし心理学に出合い、ずっと抱えてきた苦しみをカウンセラーに話すと、誰もが私のことを否定せずに、ただただ肯定してくれました。

「お酒をやめなきゃいけないのは頭ではわかっているのに、できないんです……」

「それは苦しいですよね。今までよく一人でがんばってきましたね」

そんな言葉をかけてもらうだけで涙が出て、もう少し生きていてもいいのかなと思えるようになりました。

この体験が私のカウンセラーとしての原点になっています。

心理学に興味を持ち、妻と一緒に心理学を学ぶようになった当時の私に、何人かの先輩カウンセラーから共通して伝えてもらった言葉がありました。

「お酒の問題をラクにするために、自分の感情をもう少し深く知ること、そして、それを奥さんと共有できるといいね」

当初、私はなぜ自分のお酒の問題を解決するために、自分の感情を知ったり、妻と感情について話をする必要があるのかわかりませんでした。自分の感じている感情は理解しているつもりでしたし、妻ともコミュニケーションをとれていると感じていました。

しかし、何度もカウンセリングを受けたり、心理学のワークショップに参加するうちに、私の心の奥には私自身も気づいていないような感情があることを知りました。

それは不安感でした。

今となってみれば、私は小さい頃から自分の心の中の不安感を口に出すと、弱い人間だと思われてしまいそうで、不安な気持ちを心の奥にしまって感じないように生きていました。

けれど、しまい込んだ感情はなくなっていたわけではなく、アルコールの問題として現れてきていたのです。

本書に記したような心理学の物の見方を学び、自分の心の中の不安な気持ちに気づけるようになったり、自分の感情に寄り添うことができるようになるだけで、私の心は少しずつラクになっていきました。

そして、勇気を出して、その感情を妻に伝えることにもチャレンジしていくようになりました。

「今、不安な気持ちがする」

そう言葉にして、気持ちをわかってもらえるだけで、妻との間に深い心のつながりを感じられるようになり、心の中に安心感が広がっていくのを感じました。
感情を押し込めて、感じないようにするのではなく、気づいて、寄り添って、緩めていくことで苦しい気持ちがほぐれていったのです。

また、同時に妻の心の奥にあった感情も分かち合って、お互いを理解し合う方法を知りました。
助けてもらったり、助けてあげたりしながら、妻も自分も大切にして共に歩んでいくパートナーシップの大切さを学んだのです。

すると、不思議なことに私のアルコール依存症は劇的に回復していきました。おかげさまで、現在はアルコール依存症から回復し、日々カウンセラーとしての活動をしています。

苦しんだ日々は本当につらかったのですが、そのおかげで自分の感情に耳を傾けることの大切さを知ったことや、妻と一緒にパートナーシップについて向き合えるようになったことは、私の人生でもっともすばらしい体験だったと思います。

そして、今度は私たちの体験や学びを多くの人にお伝えすることが、私の使命なのかもしれないと思いました。

本書は恋愛をテーマにお話ししましたが、自分の感情に耳を傾けたり、人と心のつながりをつくるための考え方は広く人間関係に活かせる考え方です。

恋愛に限らず、みなさんがよい感情で日々を過ごせるように、そして、大事な人とよりよい関係を築くために活用していただけたらうれしいです。

これまで何度もお話ししたように、誰かと理解し合うためには、まず自分自身の感情に耳を傾けて寄り添ってあげることが何より大切です。

それによって、自分を責める苦しい感情から抜け出したり、あなたが心から求めていることを知ることができたり、自分にとって最高の彼に出会うことができたりします。

そして、チャンスがあれば、あなたの大事な人に心を開いて、あなたの大切にしている感情を伝えてみることにチャレンジしてみてください。

自分の本当の気持ちを伝えることはとても勇気のいることですが、大事な人と心を通わせ、よい感情を2人の間に共鳴させることができた時の安心感や喜びは何ものにも代えがたいすばらしいものです。

日本では、まだまだカウンセリングや心理学ワークショップは一般の方に浸透しているものではありません。しかし、本書を読んで少しでも興味が湧いてきたならば、ぜひ実際のカウンセリングやワークショップにも参加してみてください。

本書を最後の最後まで読んでくださった、あなたの恋愛がうまくいくことを心より願っています。

森川陽介

森川陽介（もりかわ・ようすけ）

心理カウンセラー

30歳の頃にアルコール依存症を発症。苦しむ日々の中でカウンセリングや心理学と出合い、神戸メンタルサービス代表・平準司氏の下で心理学を学び始める。とくにパートナーシップに関する心の仕組みを重点的に学び、妻との関係性を深めることでアルコール依存症から回復する。その後、業界大手「カウンセリングサービス」所属の心理カウンセラーとして活動を開始。

2022年4月に独立、東京・北参道にカウンセリングオフィスを設立し、延べ5000件以上の個人カウンセリングを行っている（2025年3月現在）。

近年は30代、40代の女性を中心に「幸せな恋が始まるカウンセリング」が大好評。ワークショップを開催すると瞬時に予約が満席になるなど、今もっとも予約がとりにくいカウンセラーの一人となっている。

YouTubeチャンネル「30歳からの恋愛心理学」

https://morikawayosuke.com/

（2025年3月現在）

誰《だれ》かを思《おも》いっきり好《す》きになってみたい
「私《わたし》」が大切《たいせつ》にしている感情《かんじょう》を知《し》って、運命《うんめい》の恋《こい》を始《はじ》める恋愛心理学《れんあいしんりがく》

2025年3月21日　初版発行

著　森川《もりかわ》　陽介《ようすけ》
発行者　山下　直久
発　行　株式会社KADOKAWA
〒102-8177　東京都千代田区富士見2-13-3
電話 0570-002-301（ナビダイヤル）
印刷所　大日本印刷株式会社
製本所　大日本印刷株式会社

●お問い合わせ
https://www.kadokawa.co.jp/（「お問い合わせ」へお進みください）
※内容によっては、お答えできない場合があります。
※サポートは日本国内のみとさせていただきます。
※Japanese text only

定価はカバーに表示してあります。

ISBN 978-4-04-607433-1　C0095